개념과 원리가 보이는

우리학교
인공지능
수업 Ⅰ

정웅열 · 김영희 · 임건웅 · 전준호 · 정상수 · 정종광 · 황성훈

(주)삼양미디어

여러분은 'AI'라는 말을 들었을 때 무엇이 떠오르나요?

놀랍게도! 몇 년 전까지만 해도 이 질문에 '조류독감(Avian Influenza virus)'이라고 답하는 사람이 많았습니다. 그러나 지금은 대부분이 인공지능(Artificial Intelligence)이라고 답합니다. 4차 산업혁명의 원동력이자 세상을 바꾸는 핵심 기술인 인공지능의 발자취를 우리 주변에서 쉽게 찾을 수 있기 때문입니다.

스마트폰의 음성 인식을 이용하여 앱(App)을 자동 실행하고, 이미지 인식을 이용하여 화면 잠금을 해제하는 일이 더 이상 특별하지 않습니다. 고객의 취향을 예측하여 도서나 상품을 추천해 주거나, 흥미로운 영상을 추천해 주는 것도 쉽게 볼 수 있는 일입니다. 검색어 추천 기능 또한 하루에도 수십 번씩 경험하는 일상입니다. 이 모든 것들의 중심에 바로 인공지능이 있습니다.

그렇다면 앞으로는 어떨까요? 컴퓨터과학 분야뿐만 아니라 사실상 모든 분야에 종사하는 사람들, 특히 미래 사회에 대해 연구하는 학자들까지도 인공지능의 영향력이 더욱 커질 것이라고 예상하고 있습니다. 그 중에서도 인간의 일자리 상당수가 인공지능에 의해 대체될 것이라는 예상은 놀라움을 넘어 두렵기까지 합니다.

알파고의 수석 개발자인 데미스 하사비스는 이런 놀라움을 받아들이되, 두려워할 필요는 없다고 말합니다. 인공지능도 결국 소프트웨어이고, 소프트웨어는 사람이 시키는 일만 하기 때문입니다. 따라서 인공지능에 대해 공부하고 이를 바르게 활용할 줄 아는 것이 더욱 중요합니다. 그렇게 되면 인공지능 소프트웨어가 가진 그 생각하는 능력이 결국 우리의 것이 되기 때문입니다.

그럼 인공지능을 어떻게 배워야 할까요?

첫째, 인공지능 개념과 발전 과정에 대해 이해해야 합니다. 튜링 머신부터 시작하여 다양한 에이전트로 발전하고 있는 발자취를 살펴보면, 앞으로의 미래를 예측하고 인공지능을 공부해야 하는 구체적인 동기를 찾을 수 있기 때문입니다.

둘째, 인공지능 원리에 대해 이해해야 합니다. 근본적인 원리를 모르고 인공지능 에이전트의 종류나 사용법만을 배운다면 현재를 즐길 수 있지만, 미래를 준비할 수는 없기 때문입니다.

셋째, 인공지능 실험을 통해 원리를 탐구해야 합니다. 기계학습으로 대표되는 인공지능은 많은 데이터를 활용하여 확률적으로 문제를 해결합니다. 따라서 어떻게 했을 때 인공지능이 문제를 해결할 확률을 높일 수 있는지 다양한 데이터와 원리를 이용하여 실험하듯이 학습할 것을 권합니다.

넷째, 나만의 인공지능 소프트웨어를 만들어 보아야 합니다. 이 책에 제시한 개념과 발전 과정, 원리를 이해하고 다양한 실험을 통해 내공을 쌓았다면, 이제 나 스스로 문제를 발견하고 해결하는 도전이 필요합니다. 이러한 도전이 세상을 바꿔나가는 것이며, 결국 인공지능이 아닌 사람이 주인인 세상을 만드는 방법이기 때문입니다.

'우리학교 인공지능 수업 I'은 총 3개의 단원으로 구성되어 있으며, 각 단원에는 앞서 언급한 학습 방법과 절차가 담겨 있습니다.

- 'PART 1 인공지능으로 여는 세상'은 인공지능의 개념, 기원 및 발전 과정, 가치와 영향력 등을 이해할 수 있는 내용으로 구성하였습니다.
- 'PART 2 인공지능 실험실'은 인공지능의 원리를 이해하고 실험을 통해 탐구할 수 있도록 탐색, 추론, 학습 알고리즘의 개념과 특징, 예제와 탐구 문제 등으로 구성하였습니다.
- 'PART 3 인공지능과 문제 해결'은 엔트리를 이용하여 실생활의 다양한 문제를 스스로 해결할 수 있도록 구성하였습니다.

지금도 학교에서 인공지능을 배우는 학생들이 있지만, 앞으로는 더 많은 학생들이 인공지능을 배우게 될 것입니다. '우리학교 인공지능 수업 I'이 많은 학교의 인공지능 수업을 지원하는 데 활용되기를 바라는 한편, 인공지능을 배울 기회가 없거나 더 배우고 싶은 학생들에게 의미 있는 입문서이자 필독서가 되기를 바랍니다.

저자 일동

이 책의 구성과 특징

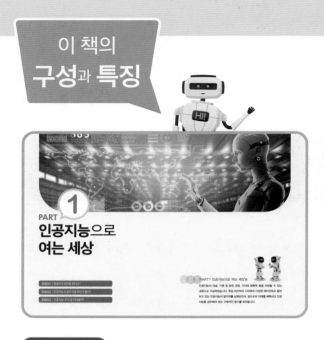

대단원 안내

대단원 제목과 소단원 주제를 제시하여 앞으로 배울 내용을 미리 짚어 볼 수 있도록 하였습니다.

생각 열기

핵심 개념과 관련된 생활 속 문제 상황이나 사례, 기사 등을 삽화나 사진과 함께 제시하여 학습자의 흥미와 관심을 높이고, 발문을 통해 앞으로 배울 내용에 대해 생각해 보도록 하였습니다.

핵심 개념 소단원에서 학습하게 될 핵심 개념을 제시하였습니다.

학습 목표 소단원 학습을 통해 성취해야 할 목표를 제시하였습니다.

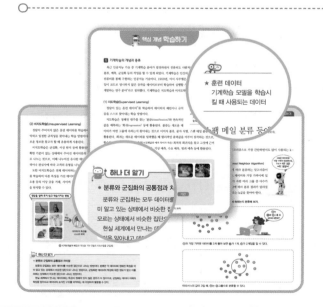

핵심 개념 학습하기

〈문제 해결하기〉의 활동 과제를 해결하기 위해 알아야 할 인공지능의 핵심 개념과 기초 지식 등을 사진, 삽화, 통계 자료 등 다양한 시각 자료를 통해 구조화하여 제시함으로써 학습자의 이해를 높이고, 인공지능 기초 소양을 키울 수 있도록 하였습니다.

용어 설명 본문에 나온 중요 용어나 개념, 인물 등에 대해 보충 설명을 하였습니다.

하나 더 알기 본문에서 다룬 주요 개념과 관련된 보충 자료를 제공하여 한 걸음 더 내용에 다가갈 수 있도록 하였습니다.

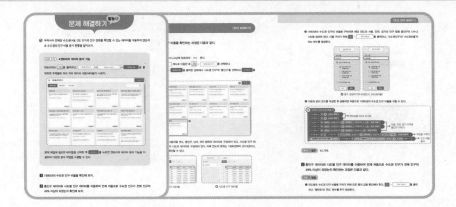

문제 해결하기(활동과 해설)

인공지능의 주요 개념을 이론적으로 이해하는 것에 그치지 않고 실질적인 문제 해결 능력을 기를 수 있도록 조사, 분석, 탐색, 토의·토론, 실습(엔트리 활용) 등 다양한 활동을 제시하였습니다. 또한 인공지능 관련 사이트를 활용하여 인공지능을 직접 체험할 수 있도록 구성하였습니다.

이후 문제 해결을 위해 필요한 해설과 예시 답안 등을 추가하여 자기 주도 학습이 가능하도록 하였습니다.

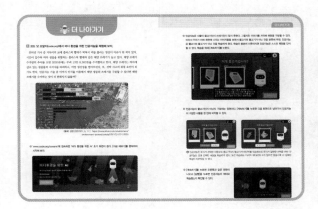

더 나아가기

〈문제 해결하기〉의 활동 과제에서 한 발짝 더 나아간 심화 문제 또는 응용·변형 문제, 핵심 주제에서 확장된 심화 내용 등을 제시하여, 좀 더 깊이 있는 학습이 이루어지도록 하였습니다.

읽기 자료

인공지능과 관련된 흥미 있는 이야기, 기사, 보고서 등의 읽을거리 또는 인공지능 활용 사례를 시각 자료와 함께 제시하여 재미와 정보를 동시에 줄 수 있도록 하였습니다.

PART

1

인공지능으로
여는 세상

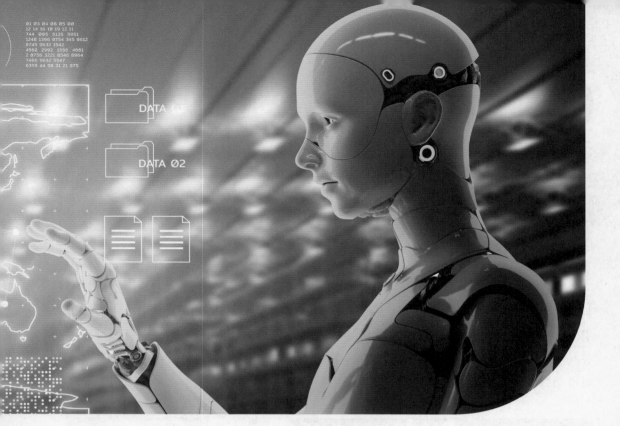

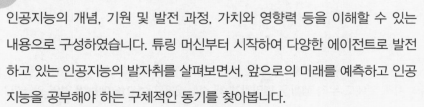

'PART 1 인공지능으로 여는 세상'은

인공지능의 개념, 기원 및 발전 과정, 가치와 영향력 등을 이해할 수 있는 내용으로 구성하였습니다. 튜링 머신부터 시작하여 다양한 에이전트로 발전하고 있는 인공지능의 발자취를 살펴보면서, 앞으로의 미래를 예측하고 인공지능을 공부해야 하는 구체적인 동기를 찾아봅니다.

01 컴퓨터가 생각을 한다고?

<u>핵심 개념</u>　인공지능 개념, 인공지능 사례
<u>학습 목표</u>　인공지능이 할 수 있는 일에는 무엇이 있는지 설명할 수 있다.

　　한 학생이 인도와 차도를 구별해 주는 인공지능 프로그램을 만들었다. 보도블록으로 되어 있는 자전거의 앞길을 인식하여 인도는 초록색으로 표시해 구분하고, 그 외의 아스팔트가 놓인 옆길은 차도로 구별해 음성으로 알려 주는 방식이다. 학생이 자전거를 타고 직접 촬영한 영상을 인공지능 프로그램이 학습했다. 이 프로그램을 사용하면, 시각 장애인이 낯선 길을 갈 때에도 안전하게 걸어 다닐 수 있을 것 같다.

　🔵 화면에서 초록색으로 표시된 지점이 인공지능에서 인식하는 인도인데, 꽤 정확도가 높다.
　〈출처〉 SBS 뉴스(2018. 9. 11.), https://news.sbs.co.kr/news/endPage.do?news_id=N1004929978

> ✅ 위의 사례 외에도 우리 생활을 편리하게 해 주는 인공지능 기술에는 무엇이 있을까?

1 인공지능의 개념과 특성

인공지능(AI; Artificial Intelligence)이란 인간이 생각하거나 학습하는 것과 같은 지적 능력의 일부나 전체를 컴퓨터로 구현하는 기술을 말한다. 즉, 컴퓨터가 마치 지능을 가지고 있는 것처럼 사고하고 행동할 수 있게 하는 것이다.

우리가 사용하는 컴퓨터는 복잡한 계산을 하거나 대량의 데이터를 빠르게 처리할 수 있다. 여기서 더 나아가 컴퓨터가 인간처럼 주변 상황을 인식하고, 이를 바탕으로 스스로 판단하여 동작할 수 있도록 만드는 여러 기술이 인공지능인 것이다.

인공지능은 컴퓨팅 시스템의 발달과 함께 딥러닝, 빅 데이터 기술의 발전으로 인간처럼 인식, 추론, 탐색, 학습할 수 있게 되었다. 인공지능의 특성을 살펴보면 다음과 같다.

인공지능은 카메라, 라이더, 레이더, 온·습도 센서 등으로 사물을 분별하고 판단할 수 있다.

인공지능은 이미 알고 있는 지식으로부터 새로운 사실을 유추할 수 있다.

인공지능은 탐색 중 얻은 정보를 이용해 현재 상태에서 목표 상태에 도달하기 위한 최선의 방법을 찾는다.

인공지능은 데이터에서 일정한 패턴을 찾아 모델을 생성할 수 있다.

🔺 인공지능의 특성

2 우리 생활 속 인공지능

우리 주변에서 찾아볼 수 있는 인공지능에는 무엇이 있을까? 인공지능이 어떤 일을 하는지 사례를 통해 알아보자.

사례 1 인공지능 스피커

인공지능 스피커는 사용자의 음성을 인식하여 음악을 틀어 주거나 정보를 찾아 준다. 또 가전과 연동할 수도 있다. 사용자의 음성에 따라 조명을 켜거나 조도를 조정해 주기도 하고, 에어컨, 공기청정기, 세탁기, TV 등을 켜거나 끄기도 한다. 평소 사용자의 생활습관을 저장해 놓고 활용할 수도 있다. 예를 들어 "외출 모드"라고 말하면 소등을 한다거나, "아침 모드"라고 말하면 커튼을 열 수 있다.

사례 2 챗봇 서비스

인공지능 챗봇은 여러 분야에서 사용되고 있다. 단순히 대화를 하는 챗봇부터 정보를 제공해 주는 챗봇, 예약을 할 수 있는 챗봇 등이 있다. 예를 들어 스캐터랩에서 만든 랜선냥이 드림이봇은 카카오톡 채널에서 이용할 수 있는데, 사용자가 채팅창에 일상적인 대화를 입력하면 입력한 내용에 적절한 반응을 해 준다.

사례 3 딥페이크

⬤ '딥페이크' 기술로 복원한 울랄라세션 고(故) 임윤택 모습

《출처》 티빙 오리지널 '얼라이브'

2022년 한 온라인 스트리밍 서비스에서 인공지능 기술을 이용하여 고인이 된 가수의 모습과 목소리를 복원하였고, 이를 이용해 다른 가수와 기존 멤버들과의 공연을 XR*로 구현하였다. 이렇게 인공지능 기술을 이용해 이미지, 영상, 음성 등을 합성하는 기술을 딥페이크라고 한다.

그러나 딥페이크 기술을 이용해 가짜뉴스를 퍼뜨리거나 지인으로 위장해 보이스피싱을 하는 등 디지털 범죄에 악용하는 사례도 있다. 인터넷에서 얻게 되는 정보는 실제 내용이 맞는지 검토해 볼 필요가 있으며, 행여 장난으로라도 개인 정보를 잘못된 방법으로 이용하거나 함부로 공유하지 말아야 한다.

★ XR(eXtentded Reality, 확장 현실) 가상 현실(VR)과 증강 현실(AR)을 섞은 혼합 현실(MR)을 망라하는 기술로, 가상 세계와 현실 세계를 융합해서 만드는 콘텐츠다.

사례 4 인공지능 추천 서비스

인공지능은 사용자의 연령, 관심사 등의 데이터를 이용해 개인별 맞춤형 서비스를 제공할 수 있다. 사용자가 그동안 시청했던 영상과 같은 영상을 본 다른 사용자들의 데이터를 학습해 사용자가 관심 있어 할 만한 영상을 추천해 주고, 쇼핑을 할 때에는 장바구니에 넣은 상품 데이터를 분석하여 다른 사용자가 해당 상품과 함께 주문한 상품을 추천해 준다. 또, 사용자의 연령대와 비슷한 고객들이 많이 갔거나 시간대별로 많이 간 맛집을 추천해 주기도 한다.

사례 5 자율 주행 자동차

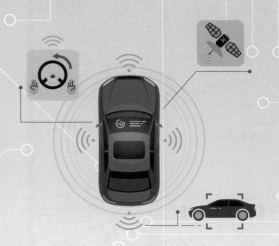

현재 자율 주행 자동차는 고속도로에서 앞차와의 거리를 유지하거나 도로의 중앙을 지키며 주행이 가능하다. 앞으로 머지않은 미래에 특정 환경에서 자동차가 모든 자율 주행 기능을 지원하고, 어떠한 상황에서도 운전자가 개입할 필요가 없는 수준의 완전 자율 주행 자동차가 개발될 것이다.

문제 해결하기 활동

✓ 우리가 일상에서 사용하고 있는 사물에 인공지능 기술이 적용된다면 어떤 점이 편리할까? 자신이 개발자가 된다면 어떤 인공지능을 만들고 싶은지 함께 상상해 보자.

책상

공부하기 위해 책상에 앉았으나 집중이 되지 않고 눈은 점점 감긴다. 졸지 않고 공부에 집중할 수 있도록 도와주는 인공지능은 없을까? 인공지능을 이용해 책상 앞에 있는 사람이 눈을 감고 있거나 움직임이 없는 등 졸고 있는 동작이 인식되면 음성이나 진동으로 깨워 준다면 조느라 공부를 못 하는 일은 없을 것이다.

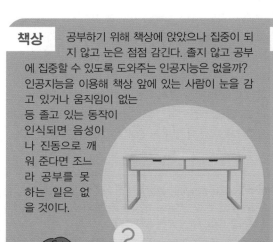

신발

운동화를 샀다. 신발 디자인이 마음에 들었고 매장에서 신어 보았을 때도 편했다. 다음날 설레는 마음으로 신고 나갔는데 시간이 좀 지나니 발이 너무 아프다. 분명 평소에 신던 사이즈와 같은 신발인데 다른 신발에 비해 발볼이 작게 나왔는지 걸을 때마다 발이 아프다. 같은 사이즈의 신발이어도 신발의 모양도 다 다르고 사람마다 발볼, 발등, 발가락의 모양이 다 다르기 때문에 맞지 않을 수 있다. 인공지능으로 사용자의 발 모양을 인식해 신기 편한 신발을 추천해 주면 어떨까?

샤워기

'앗 차가워!' 물을 틀었을 때 너무 차갑거나 너무 뜨거워서 적절한 온도가 될 때까지 기다린 경험이 있을 것이다. 샤워할 때 내가 원하는 온도로 물이 바로 나오면 얼마나 좋을까? 인공지능을 이용한다면 사용자가 평소에 즐겨 사용하는 온도를 학습하여 원하는 온도에 맞춰 물이 나오게 할 수 있을 것이다. 또 음성 인식을 이용해 샤워기를 틀거나 수압을 조절할 수 있다면 샤워 중에 수도꼭지를 찾을 필요가 없을 것이다.

변기

소변은 우리 몸의 건강 상태를 점검할 수 있는 지표라고 한다. 소변의 색, 탁한 정도, 냄새 등을 보고 당뇨병, 간염 등을 예상할 수 있다. 그렇다면 소변 데이터를 꾸준히 수집하여 우리의 건강을 점검하는 건강 지킴이로 사용하면 어떨까? 변기에 데이터를 수집할 수 있는 센서를 부착하여 소변과 관련된 데이터를 수집하고 분석해 준다면 건강을 관리하는 데 도움이 될 것이다.

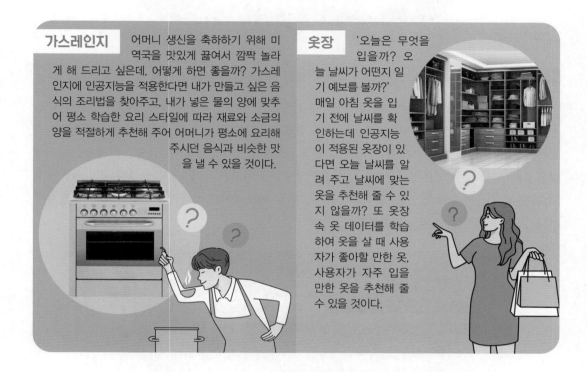

가스레인지 어머니 생신을 축하하기 위해 미역국을 맛있게 끓여서 깜짝 놀라게 해 드리고 싶은데. 어떻게 하면 좋을까? 가스레인지에 인공지능을 적용한다면 내가 만들고 싶은 음식의 조리법을 찾아주고, 내가 넣은 물의 양에 맞추어 평소 학습한 요리 스타일에 따라 재료와 소금의 양을 적절하게 추천해 주어 어머니가 평소에 요리해 주시던 음식과 비슷한 맛을 낼 수 있을 것이다.

옷장 '오늘은 무엇을 입을까? 오늘 날씨가 어떤지 일기 예보를 볼까?' 매일 아침 옷을 입기 전에 날씨를 확인하는데 인공지능이 적용된 옷장이 있다면 오늘 날씨를 알려 주고 날씨에 맞는 옷을 추천해 줄 수 있지 않을까? 또 옷장 속 옷 데이터를 학습하여 옷을 살 때 사용자가 좋아할 만한 옷, 사용자가 자주 입을 만한 옷을 추천해 줄 수 있을 것이다.

이렇게 우리가 일상에서 사용하는 사물에 인공지능 기술을 적용할 것을 상상해 보니 어떤가? 인공지능이 적용되면 좋을 것 같은 사물이나 장소는 더 없을까? 친구, 가족과 함께 대화를 나눠 보며 그들의 필요를 들어 보고, 제시한 아이디어 외에 다른 아이디어를 생각해 보자.

대화를 나눈 사람	그 사람이 필요한 것	인공지능을 이용해 새로 적용하고 싶은 기능

더 나아가기

1 코드 닷 오알지(code.org)에서 바다 환경을 위한 인공지능을 체험해 보자.

　　인터넷 기사 중 거북이의 코에 플라스틱 빨대가 박혀서 피를 흘리는 영상이 이슈가 된 적이 있다. 시간이 갈수록 바다 생물을 위협하는 플라스틱 빨대와 같은 해양 쓰레기가 늘고 있다. 해양 쓰레기 수거량의 추이를 보면 2020년에는 무려 13만 8,362톤을 수거했다고 한다. 해양 쓰레기는 바다에 살고 있는 생물들의 서식지를 파괴하고, 어업 생산성을 떨어뜨린다. 또, 선박 사고의 위험 요인이 되기도 한다. 인공지능 기술 중 이미지 인식을 이용해서 해양 생물과 쓰레기를 구분할 수 있다면 해양 쓰레기를 수거하는 것이 더 편해지지 않을까?

〈출처〉 경향신문(2021. 3. 11.), https://www.khan.co.kr/environment/
environment-general/article/202103102122005

❶ 'www.code.org/oceans'에 접속하면 '바다 환경을 위한 AI' 초기 화면이 뜬다. [지금 해보기]를 클릭하여 시작해 보자.

❷ 인공지능은 사물이 물고기인지 쓰레기인지 알지 못한다. 그렇지만 이미지를 처리해 패턴을 구분할 수 있다. 따라서 우리가 아래 화면에 나오는 이미지들을 보면서 물고기와 물고기가 아닌 것을 분류해 주면, 인공지능은 물고기와 물고기가 아닌 것을 학습하게 된다. 학습이 충분히 이루어지면 인공지능은 스스로 패턴을 인식할 수 있다. 학습을 위해 [계속하기]를 누른다.

❸ 인공지능이 물고기인지 아닌지 구분하는 장면이다. [계속하기]를 누르면 다음 화면으로 넘어가서 인공지능이 구분한 사물을 한 번에 파악할 수 있다.

○ 인공지능은 우리가 선택한 내용으로 물고기인지 물고기가 아닌지를 학습하므로 우리가 잘못된 선택을 하면 인공지능도 잘못 선택한 내용을 학습하게 된다. 또한 학습하는 이미지 데이터의 수가 많으면 많을수록 더 정확한 학습이 이루어질 수 있다.

❹ [계속하기]를 누르면 오른쪽과 같은 화면이 나오고 [실행]을 누르면 인공지능이 제대로 학습했는지 확인할 수 있다.

⑤ 화면 오른쪽 상단의 ✔를 누르면 물고기로 구분된 사물들을, ⊘를 누르면 물고기가 아님으로 구분된 사물들을 확인할 수 있다. 그림을 비교해 보면 인공지능이 완벽하게 물고기인지 아닌지를 구분할 수 없음을 알 수 있다.

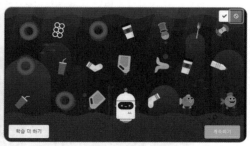

🔺 물고기로 구분된 것 중에서 잘못 분류된 깨진 전구나 페트병이 보인다.

🔺 물고기가 아님으로 분류된 것 중에 물고기 두 마리가 보인다.

⑥ [학습 더 하기]를 눌러서 더 많은 학습을 시킨다면 인공지능은 더 정확하게 사물을 구분할 수 있다. 그런데 해양 생물에는 물고기만 있는 것일까?

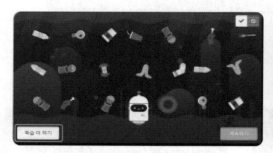
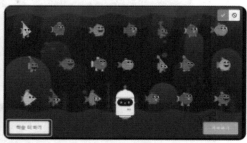

🔺 해양 쓰레기로 분류된 사물들

🔺 물고기로 분류된 사물들

⑦ 물고기가 아닌 해양 생물도 바다에서 살고 있는데 이 프로그램으로 바다 환경을 살리려고 한다면 이들은 쓰레기로 인식될 것이다. 잘못하면 바다 환경을 살리려다가 해양 생물의 생명을 빼앗아 버릴 수도 있다. 인공지능은 알려준 대로만 학습하기 때문에 해양 생물들도 쓰레기와 구분될 수 있도록 다시 학습을 시켜야 한다. 어떻게 학습을 시키면 좋을까?

➑ 이번에는 인공지능에게 어떤 생물체가 바다에 있어야 하는지 또 아닌지를 학습시켜 보도록 한다.

➒ 학습을 해 보니 게, 문어, 거북이와 같은 해양 생물도 바다에 있어야 하는 것으로 구분이 되었다. 아래 화면을 살펴보면 아직 제대로 구분되지 않은 생물들이 보인다. [학습 더 하기]를 눌러 학습을 하고 다시 [실행하기]를 누르면 더 정확한 학습 결과를 확인할 수 있다.

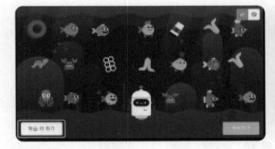 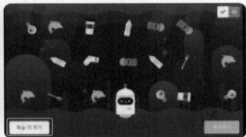

결론적으로 활동을 통해 우리가 분류해 준 이미지 데이터로 컴퓨터가 사람처럼 학습하여 새로운 이미지가 들어왔을 때 해양 생물인지 아닌지를 구분할 수 있음을 알 수 있었다. 이렇게 해양 생물과 쓰레기를 구분하는 인공지능 프로그램이 있다면 바다에 있는 생물과 쓰레기를 각각 분류하여 바다가 오염되는 것을 막을 수 있을 것이다.

2 **오토드로우(AutoDraw)를 이용하여 자신이 그리던 그림을 인공지능이 자동으로 완성하게 하고, 이를 이용하여 동아리 홍보물을 제작해 보자.**

❶ 오토드로우(https://www.autodraw.com) 홈페이지에 접속한 후 [Start Drawing]을 클릭하여 [AutoDraw]를 실행한다. 좌측 단의 툴을 이용하여 그리고 싶은 그림을 그린다.

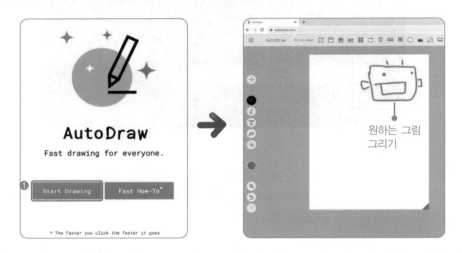

❷ 그림을 그리면 위쪽에 인공지능이 유사한 그림을 추천해 준다. 원하는 것을 선택해 보자.

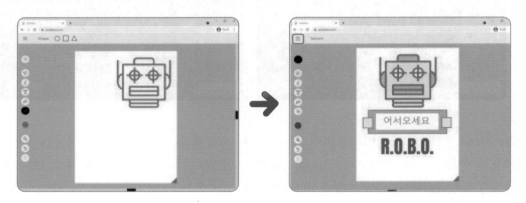

❸ 그림이 완성되었으면 ≡을 클릭하여 [Download]를 하거나 [Share]를 클릭하여 링크를 공유해 보도록 한다.

암호 해독기를 개발한 앨런 튜링

컴퓨터 과학과 인공지능 연구의 아버지라고 불리는 앨런 튜링(Alan Mathison Turing, 1912~1954)은 영국의 수학자, 암호학자이자 논리학자이기도 하다.

튜링은 제2차 세계 대전에서 에니그마*라고 칭해졌던 독일군의 암호를 해독하기 위해서는 반드시 기계를 이용해야 한다고 생각했다. 독일군이 에니그마로 조합하는 암호의 가짓수는 150억 개에 달했고, 하루가 지나면 그 조합이 변경되었기 때문이다. 결국 1941년 암호 해독기 봄베(Bombe)를 개발했고, 빠르면 한 시간 안에 암호를 해독할 수 있게 되었다. 1943년에는 진공관을 사용한 콜로서스(colossus)를 개발해 암호 해독에 사용했다. 결국 연합군은 암호 해독으로 제2차 세계 대전에서 승리한다.

△ 14세의 앨런 튜링

어느 누가 사람도 해독할 수 없는 암호를 기계가 해독할 수 있을 것이라고 생각할 수 있었을까? 당시 튜링은 아무도 생각하지 못했던 새로운 방식을 생각해 내면서 암호 해독에 성공했을 뿐만 아니라 컴퓨터와 인공지능이 등장하는 데 큰 공헌을 하였다.

새로운 시선을 가지고 문제를 해결하고자 끊임없이 노력하고 집중하는 자세, 우리가 튜링을 통해 배워야 하

△ 앨런 튜링이 개발한 암호 해독기 봄베

는 자세일 것이다. 15쪽 문제 해결하기(활동)에서 상상해 보았던 인공지능 기술을 탑재한 사물들에 대해 누군가는 있을 수 없는 것이라고 비난할지라도 언젠가는 그것들이 우리가 일상생활에서 흔히 쓰는 물건이 되어 있을지도 모르는 일이다.

2014년에 개봉한 영화, 〈이미테이션 게임〉은 앨런 튜링의 일생과 암호 해독기에 대한 내용을 다루고 있다. 이 영화를 통해 튜링의 창의력과 문제를 해결하기 위한 집념을 엿보는 것은 어떨까?

★ 에니그마
독일어로 '수수께끼'라는 뜻을 가진 암호 기계의 한 종류로 암호를 만들고 해독하는 기계이다.

02 인공지능의 발자국을 따라가 볼까?

핵심 개념 인공지능의 역사

학습 목표 인공지능이 어떻게 발달해 왔는지 그 역사를 설명할 수 있다.

1956년 미국 다트머스 대학에서 존 매카시*를 중심으로 회의가 열렸다. 무려 한 달 동안 진행되었던 다트머스 회의는 마빈 민스키*, 너대니얼 로체스터*, 클로드 섀넌* 등이 참여했으며 이 제안서에 처음으로 '인공지능'이라는 용어가 쓰였다.

인공지능 스피커, 인공지능 로봇청소기, 인공지능 챗봇 등 여기저기에서 나타나는 인공지능이 최근에 새로 생긴 개념이 아니라 1950년대에 이미 등장한 개념이라니 놀랍지 않은가?

★ **존 매카시** 다트머스 회의에서 처음으로 인공지능이라는 용어를 창안한 미국의 전산학자이자 인지과학자이다.

★ **마빈 민스키** 인공지능 분야를 개척한 미국인 과학자로 MIT 인공지능 연구소를 창립했다. 앨런 튜링, 존 매카시와 함께 인공지능의 아버지라고 불린다.

★ **너대니얼 로체스터** 최초로 대량 생산을 목적으로 개발된 컴퓨터인 IBM 701과 IBM 700 시리즈 컴퓨터를 설계했다.

★ **클로드 섀넌** 0과 1로 이루어진 비트를 통해 문자, 소리, 이미지 등의 정보를 전달하는 방법을 최초로 고안하였다.

> ✅ **인공지능이 어떻게 발달해 왔는지 그 역사를 살펴보자.**

○ 인공지능의 역사

인공지능이라는 용어가 등장하기 전부터 인간처럼 생각하는 기계를 개발하고자 하는 열망이 있었다. 지능을 가진 기계에 흥미를 가지고 있던 여러 학자들이 다트머스 회의에 참여하였고 그 회의는 며칠 동안 지속되었다. 몇 번의 암흑기가 있었지만 많은 연구자들이 인공지능을 개발하기 위해 오랜 기간 동안 다양한 방면에서 노력해 왔다. 현재에는 우리 일상생활 속에서도 인공지능 시스템을 사용할 수 있을 정도로 발전했다. 이렇게 되기까지 어떠한 노력이 있었는지 살펴보자.

(1) 인공지능 연구의 시작

수학 공식을 증명하기 위해서는 여러 가지 참인 명제를 가지고 논리적으로 추론해야 한다. 1955년 뉴얼(1927~1992)과 사이먼(1916~2001)은 이러한 논리적 추론을 수행하는 프로그램을 만들어 여러 가지 수학 공식을 증명하였다. 이것은 인간의 사고 과정을 기계로 구현할 수 있다는 가능성을 여는 계기가 되었다. 1956년 다트머스 회의에서 이 프로그램을 선보였고, 덕분에 인공지능이라는 용어가 등장하였으며, 많은 사람들의 관심을 끌게 되었다.

(2) 퍼셉트론 등장

1957년 프랭크 로젠 블랫(1928~1971년)은 인공 신경망 모델인 퍼셉트론을 개발하였다. 인공 신경망이란 뇌의 신경 세포인 뉴런이 정보를 전달하고 저장하는 방법을 기계로 구현한 것을 말하며, 퍼셉트론은 인공 신경망의 기본 단위로서, 뉴런과 유사하게 동작하여 다수의 신호를 입력으로 받아 하나의 신호를 출력하는 신경망 모델이다. 로젠 블랫이 개발한 이 모델은 학습이 가능했지만, A, B, C와 같은 문자를 인식하거나 남자와 여자를 구분할 수 있는 수준 정도였다.

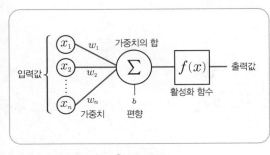

○ 퍼셉트론

(3) 초기 인공지능 시스템을 만들기 위한 여러 가지 시도

1964년에 엘리자라는 프로그램이 등장하였는데, 이것은 정신과에서 환자를 상담하는 용도로 개발된 대화형 프로그램이다. 컴퓨터 화면에 환자가 하고 싶은 말을 쓰면 엘리자가 대답을 해 주는데, 환자들은 실제로 기계라는 사실을 느끼지 못한 채 엘리자와 대화를 나눴다고 한다. 하지만 엘리자가 환자들이 입력한 내용을 정말로 이해하고 대답한 것은 아니었으며, 실제로는 단순한 패턴에 맞춰 문자 대화를 구현해 낸 프로그램에 불과했다.

한편, 초기 연구자들은 어떠한 문제도 해결할 수 있는 일반 문제 해결사 프로그램(General Problem Solver)을 만들려고 시도하였다. 그러나 실세계의 문제들은 매우 복잡해서 그런 프로그램을 만드는 것이 쉽지 않았다. 오히려 특정 분야의 문제를 해결할 수 있는 전문가 시스템이 등장하였다. 전문가 시스템이란 특정 분야의 전문가가 지닌 전문 지식과 경험을 컴퓨터에 기억시켜 전문가와 동일하거나 더 뛰어난 문제 해결 능력을 가지도록 하는 시스템으로, 1980년대 여러 기업에서 이러한 전문가 시스템을 사용하였다. 하지만 여러 가지 장점에도 불구하고 유지·보수가 어려운 점 등의 문제가 있었다.

(4) 다층 퍼셉트론 등장

1980년대 퍼셉트론의 한계를 극복하기 위해 입력층과 출력층만 있었던 퍼셉트론에 1개 이상의 은닉층을 추가한 다층 퍼셉트론이 등장하였다. 하지만 인공지능 모델이 복잡해지면 시간이 매우 오래 걸리거나 결괏값이 부정확해지기도 해서 다시 한계를 맞게 되었다. 이후 연산 처리 속도가 빨라지고 다양한 활성화 함수의 발견으로 이러한 문제들이 해결되었다.

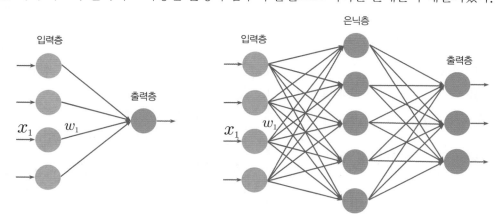

◎ 단층 퍼셉트론과 다층 퍼셉트론

(5) 딥러닝 등장

제프리 힌턴은 딥러닝이라는 용어를 사용하면서 방대한 데이터를 이용해 사전에 기계를 잘 훈련시키면 신경망 훈련이 가능하다는 사전 훈련법을 발표하였다.

2010년부터 시작된 이미지넷 대회는 1,000개가 넘는 카테고리로 분류된 100만 개의 이미지를 인식하여 그 정확도를 겨루는 대회이다. 2012년 제프리 힌턴이 지도하는 연구팀 알렉스넷은 딥러닝 모델을 이용해 이전 대회 우승팀과 비교하였을 때 오차율을 무려 10% 가까이 줄이는 성과를 보여 주었다. 다양한 딥러닝 기술이 나오면서 이미지넷 대회에서 2014년에 우승한 구글넷은 6.7%의 오차율을 보였고, 2015년에 우승한 레즈넷(ResNet)은 3.57%의 오차율을 달성해, 해가 갈수록 정확도가 더욱 높아졌다.

(6) 가속화된 인공지능 기술의 발달

알파고는 딥러닝을 이용해 구글의 딥마인드가 개발한 인공지능 바둑 프로그램으로 2016년 이세돌과의 대전에서 두 번 승리하여 전 세계의 이목을 끌었다. 2017년 등장한 알파고 제로 역시 딥마인드에서 개발한 인공지능 바둑 프로그램으로 강화학습을 이용한다. 알파고 제로는 사람이 둔 바둑에 대한 정보가 없고 바둑 규칙만 알고 있을 뿐이다. 알파고 제로는 독학으로 36시간 만에 알파고 실력을 넘어섰고, 또 72시간 독학한 후 이세돌과의 대국과 같은 조건인 제한시간 2시간을 두고 알파고와 대결한 결과 100전 100승을 거두었다.

강화학습이란?
지능 에이전트가 현재 상태를 인식, 현재 상태에서 선택 가능한 행동들 중 보상이 최대화되는 행동을 선택하도록 학습하는 것으로 환경에 대한 사전지식 없이 학습하고 적응한다.

2020년에 등장한 GPT-3는 자연어 처리 인공지능이다. 자연어란 인간이 사용하는 언어다. 자연어 처리는 기계가 자연어의 의미를 분석하고 인간과 의사 소통할 수 있도록 하는 연구 분야다. 글의 일부를 입력하면 그 글을 이어서 소설을 쓸 수도 있고, 대화는 물론 번역도 할 수 있다. 2022년 등장한 DALL-E-2는 텍스트를 입력하면 이미지를 생성해 주는 인공지능이다.

딥러닝이 등장하면서 인공지능 분야는 급격하게 성장하였다. 이제는 인간의 고유 영역이라고 여겼던 예술 분야에서도 활약을 펼치고 있다. 몇 가지 데이터만 입력하면 유명 화가들이 그렸던 그림과 유사한 그림을 산출하기도 하고 영화를 제작하기도 하며, 소설을 쓰기도 한다. 이것이 과연 예술 작품으로 인정받을 수 있는가에 대한 논란은 여전히 있지만 인공지능의 발전을 충분히 보여 줄 수 있는 사례이다.

문제 해결하기 _{활동}

(배경 지식) · **튜링 테스트**

컴퓨터가 사람처럼 생각할 수 있을까? 앨런 튜링은 이런 질문에서 시작해 튜링 테스트를 제안하였다.

[튜링 테스트 진행 과정]

1. 각각 다른 방에 사람 A와 B, 심문관 C가 있다.
2. 심문관 C는 A와 B에게 어떤 질문도 할 수 있다. A와 B는 거짓말을 해도 되고 대답을 거부해도 된다.
3. 게임을 하는 중에 사람 A를 컴퓨터로 바꿔 놓고, C가 이 사실을 알아차리는지 확인한다.
4. 만일 C가 A가 컴퓨터임을 알아차리지 못했다면 컴퓨터는 A와 같은 수준의 지능이 있다고 보는 것이다.

튜링 테스트로 인해 초기 인공지능 개발자들은 인공지능은 인간과 같은 지능을 가진 컴퓨터라고 생각하여 인간을 흉내 내는 컴퓨터를 개발하려고 노력했다.

2014년 러시아 연구진이 개발한 인공지능 챗봇 유진 구스트만이 튜링 테스트를 통과했다고 한다. 유진 구스트만은 우크라이나에 살고 있는 13세 소년으로 설정되어 있다. 유진 구스트만에 대해 검색해 보고, 유진 구스트만이 질문자와 어떤 대화를 했는지 살펴보자.

✅ 검색 결과에 비추어 봤을 때, 유진 구스트만은 정말 지능을 가지고 있는 걸까? 자신의 의견을 써 보자.

 **해설**　　　　　　　　　　　　　　　　　　　　　[문제 해결하기]

1964년 개발된 최초의 대화 프로그램이라고 평가되는 엘리자(ELIZA)는 사용자들이 인간과 의사소통을 하고 있다고 착각하기도 했다고 한다. 하지만 실제로 엘리자는 사용자들이 무슨 말을 하는지 모른다. 아는 단어가 나오면 그 단어와 관련되어 준비된 문장을 사용할 뿐이었다.

✅ 유진 구스트만이 정말 지능을 가지고 있어서 인간과 대화할 수 있는 것일까?

실제로 우리가 대화를 할 때에는 상당히 많은 지식과 상식이 필요하고, 상황에 따라 적절하게 대처하는 능력도 필요하다.

유진 구스트만의 경우 튜링 테스트에 통과하기는 했지만 "우크라이나에 가 본 적 있니?"라는 질문에 "우크라이나? 거긴 가 본 적 없어요."라고 대답을 하였고, 뒤이은 질문에도 "답을 모르겠어요. 나쁜 인조인간이 훔쳐갔나 봐요."라는 반응을 보였다고 한다. 즉, 앞의 문장을 거의 그대로 따라하는 수준에 그치거나 문맥에 어울리지 않는 엉뚱한 답변이 나오는 경우가 많았다. 이렇게 대화가 단답형으로 흐르고 자연스럽게 연결되지 않는 이유는 유진 구스트만이 학습한 지식이 많지 않고, 상황에 따라 대처하는 능력도 제한되었기 때문으로 보인다. 이러한 결과를 보면 유진 구스트만이 인간처럼 지능을 가졌다고 보기에는 아직은 많은 한계가 있다고 생각된다.

여기에 덧붙여 기계가 생각한다는 것은 말이 안 된다고 주장하는 존 설[*]이라는 학자가 있다. 그는 아래와 같이 '중국어 방'이라는 상황을 설정하여 기계는 지능을 가질 수 없다고 주장하였다.

★ 존 설(John Searle)
언어철학자이자 심리철학자이며, 튜링 테스트에 대한 반론으로 중국어 방이라는 사고 실험을 제안했다.

중국어 방

⬤ 존 설의 인공지능 비판

어떤 방안에 한 사람이 있다. 밖에서 중국어로 된 질문을 전달하면 이 사람은 매뉴얼에 있는 방법대로 답을 적어 다시 밖으로 전달한다. 이 사람은 중국인이 아니어도, 또 중국어를 할 수 없더라도 매뉴얼대로 답하면 되기 때문에 대화가 가능한 것처럼 보인다. 존 설은 인공지능이 이 사람과 같다고 비난했다.

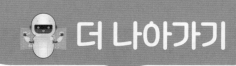
더 나아가기

✅ 순환 신경망의 이해

자연어 처리란 우리가 일상생활에서 사용하는 언어의 의미를 분석하여 컴퓨터가 인식할 수 있도록 하는 것을 말한다.

"이것 좀 봐 주세요."

여기서 '이것'은 고유명사가 아니기 때문에 첫 번째 문장만 가지고서는 무엇을 보라는 것인지를 파악할 수 없다.

"마음에 쏙 들지는 않지만 추천해요."

"추천해요."라는 서술어만 보고, 해당 서비스나 상품이 고객의 요구를 완벽하게 충족했다고 볼 수는 없다. 자연스럽고 정확한 자연어 처리를 위해서는 어떤 문장에서 단어만 볼 것이 아니라 문맥을 파악할 수 있어야 한다. 문맥을 학습할 수 있는 인공지능을 만들기 위해 순환 신경망(RNN; Recurrent Neural Network)을 사용한다. RNN은 번역, 글쓰기, 자동 완성 기능, 자동 자막 기능 등에 활용된다.

인공 신경망(ANN; Artificial Neural Network)은 뇌를 구성하고 있는 뉴런이 서로 연결된 모습을 흉내 낸 것이다. 신호를 받은 뉴런은 다른 뉴런으로 신호를 전달하는데, 신호 세기를 변경해서 전달한다. 여기서 신호 세기는 신호 값에 가중치를 곱하고 편향을 더해서 정한다. 순환 신경망은 가중치가 변화되어 자기 자신에게로 돌아온다. 이러한 순환 신경망은 데이터의 전후 관계에 대한 패턴을 학습하는 데 사용하며, 연속된 관계를 가진 데이터를 이용하여 모델을 만들 때 에도 사용한다.

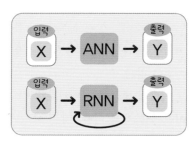
🔺 일반적인 인공 신경망과 순환 신경망

예 순환 신경망을 사용한 프로그램 체험하기

순환 신경망을 체험해 보기 위해 오른쪽 QR 코드를 이용해 스케치 RNN을 실행해 보자. Model에서 그리고 싶은 항목을 선택한다.

스케치 RNN
https://magenta.tensorflow.org/as-sets/sketch_rnn_demo/index.html

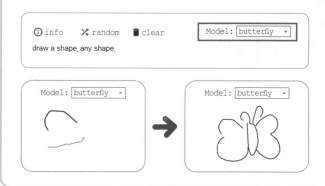

Model의 콤보 박스를 눌러 그리고자 하는 대상을 선택하고, 조금만 그리면 나머지 부분을 인공지능이 순서에 따라 그려 준다. 스케치 RNN은 사람이 그린 그림의 순서를 학습하여 사람 대신 그림을 그려 주는 인공지능이다.

엘리자와 영화 〈그녀〉

엘리자는 바이첸바움 박사에 의해 만들어진 초기 자연어 처리 컴퓨터 프로그램이다. 엘리자는 정신과에서 환자를 상담하는 용도로 개발되었다. 실제로 많은 환자가 엘리자와 대화를 하고 나서 마음이 편안해지는 것을 느꼈다고 한다. 상담 후 엘리자가 사람이 아니라 기계라는 사실을 알려 줘도 환자들은 엘리자가 기계라는 사실을 잘 믿지 않았다. 오히려 엘리자가 실제로 인격을 가지고 있다고 믿었다고 한다.

○ 엘리자와의 대화 모습

이처럼 컴퓨터를 사람처럼 여기는 현상을 '엘리자 효과'라고 한다.

여기 인공지능과 대화를 하는 사람이 있다. 영화 〈그녀〉의 주인공인 테오도르다. 테오도르는 아내와 별거 중인 채 외롭고 공허하게 하루하루를 보내고 있었다. 우연히 사람처럼 스스로 생각하고 느끼는 인공지능 운영체제인 사만다를 만나게 된다. 사만다는 형체가 없고 오로지 목소리로만으로 소통한다. 테오도르는 자신의 말에 귀 기울이고 공감해 주는

○ 영화 〈그녀〉

그녀와 많은 대화를 나누면서 조금씩 아픔을 극복하고 행복을 되찾기 시작한다. 〈중략〉

엘리자와 상담을 한 환자들과 테오도르는 인공지능을 사람처럼 여겨서 그들과의 대화에서 위안을 받은 걸까? 컴퓨터가 사람도 하지 못하는 위로를 한다. 그런데 사람들이 엘리자와 함께 대화를 나눈 것 같지만, 사실 엘리자는 우리가 하는 말을 전혀 이해하지 못한다. 'A라는 단어가 나오면 B, C, D 중 하나라고 대답한다.'와 같은 규칙대로 실행했을 뿐이다. 그런데도 사람들은 엘리자와의 대화를 통해 위로를 느꼈다.

03 인공지능! 우리 잘 지내볼까?

핵심 개념 인공지능의 종류, 인공지능의 영향력
학습 목표 인공지능의 긍정적·부정적 영향을 분석할 수 있다.

영화 〈어벤져스: 에이지 오브 울트론〉, 〈아이, 로봇〉, 〈터미네이터2〉를 보면 인공지능은 인간을 뛰어넘어 인간을 지배하려고 하는 모습으로 그려진다.

◎ 영화 〈어벤져스: 에이지 오브 울트론〉

◎ 영화 〈아이, 로봇〉

◎ 영화 〈터미네이터 2〉

✅ 인공지능 기술이 발전한 미래의 모습은 어떨까?

1 약인공지능과 강인공지능

"이왕이면 살고 싶어요."

영화 〈아이, 로봇〉에 나오는 로봇 써니가 자신이 해체될 수도 있다는 이야기를 듣고, 캘빈 박사에게 한 말이다. 로봇 써니는 래닝 박사의 죽음을 조사하는 스프너 형사를 피해 도망가다 잡혔을 때 왜 도망갔냐는 질문에 "두려워서요."라는 말로 감정을 표현하기도 하고, "나는 누구인가요?"라는 질문을 하기도 한다. 심지어 꿈을 꾸었다고도 한다.

하지만 현재 우리가 만나는 인공지능은 로봇 써니처럼 스스로 사고하거나 감정을 느낄 수 없다. 이세돌 구단을 이긴 알파고는 바둑만 두는 인공지능 프로그램이며, 인공지능 기술이 탑재된 자동 번역기도 번역만 할 수 있다. 이처럼 주어진 데이터를 학습하여 학습 결과에 따라 행동할 수 있을 뿐이다. 특정 영역에서는 전문가 같은 업무 처리 능력을 갖출 수 있고, 작업을 빠르게 처리할 수 있다. 하지만 영화 속에 등장하는 인공지능처럼 자의식을 가지고 판단하거나 인간을 초월하는 것은 아니다. 이와 같은 인공지능을 약인공지능이라고 한다. 약인공지능은 정해진 데이터와 규칙에 따른 알고리즘을 토대로 작동하는 인공지능이다.

이에 비해 강인공지능은 다양한 분야에서 보편적으로 사용할 수 있는, 인간처럼 사고하고 스스로 의사 결정을 내리는 것이 가능한 인공지능을 의미한다. 영화 〈아이, 로봇〉에 등장하는 로봇 써니도 강인공지능이 탑재된 로봇이다.

구분	약인공지능	강인공지능
활용 분야	• 특정 분야에서만 활용 가능	• 다양한 분야에서 보편적으로 사용
특징	• 규칙을 벗어난 학습은 어려움 • 현재 개발되고 있는 인공지능	• 인간의 지능과 비슷하거나 인간의 지능을 뛰어넘는 복잡한 사고와 추론도 가능 • 영화의 소재로 많이 등장하고 있을 뿐 아직 개발된 것은 아님

○ 약인공지능과 강인공지능

강인공지능을 개발할 수 있을지에 대한 의견은 분분하다. 인간의 지능과 의식에 대하여 명확하게 밝혀진 것이 없기 때문에 구현도 어려운 것이다. 그러나 인공지능 기술은 약인공지능의 수준에서도 끊임없이 발전하고 있고 여러 분야에서 활용되고 있어 이로 인해 여러 가지 긍정적·부정적 영향을 미치고 있다.

2 인공지능의 현재

로봇 써니와 같은 강인공지능은 아니지만 약인공지능 수준의 인공지능 기술은 이미 우리 사회에 스며들고 있다. 현재 인공지능은 어떤 일을 수행해 내고 있을까? 우리 사회에서 화제가 되었던 인공지능을 살펴보자.

딥 블루

○ 체스 게임에 특화된 IBM 딥 블루

1997년 5월, IBM이 만든 체스 특화 인공지능 컴퓨터 딥 블루가 세계 체스 챔피언인 가리 카스파로프를 이겼다. 처음으로 컴퓨터가 인간을 이긴 것이다.

2011년 2월 제퍼디 퀴즈쇼에 왓슨이라는 인공지능이 등장하였다. 왓슨은 사람의 언어를 이해하였고 검색과 추론을 거쳐 정답을 알아냈다. 이날 왓슨은 역대 챔피언들을 뛰어넘는 실력으로 우승을 거머쥐었다. 이후 왓슨은 의료 · 법률 · 금융 등 다양한 분야에서 활약하고 있다.

왓슨

○ 제퍼디 퀴즈쇼에 등장한 IBM 왓슨

알파고

○ 구글 딥마인드 알파고와 바둑 대결 중인 이세돌

2016년 알파고의 등장은 기계가 사람의 능력을 뛰어넘었다는 생각을 갖게 하였다. 인간 고유의 영역으로 여겨지던 바둑에서 알파고가 최고의 프로 바둑 기사와 대국을 펼쳐 이긴 것이다. 알파고와 이세돌의 대국을 지켜보면서 많은 사람들이 두려움을 느꼈다.

바둑계를 은퇴한 알파고는 이후 알파고 제로로 다시 등장하였다. 알파고 제로는 인간의 기보를 학습했던 알파고와 달리, 백지 상태에서 스스로 학습을 통해 바둑을 터득했다. 알파고를 개발한 딥마인드는 논문에서 알파고 제로가 70시간 만에 인간 바둑기사 수준에 이르렀다고 공개하였다.

⬤ 인공지능 로봇 소피아

2018년 1월, 우리나라에 소피아가 방문했다. 소피아는 핸슨 로보틱스가 개발한 인공지능 로봇이다. 대화가 가능할 뿐만 아니라 대화 중간 중간에 미소를 짓거나 인상을 찌푸릴 수 있다. 심층적인 토론까지 할 수 있는 수준은 아니었다고 하지만, 일상적인 대화가 가능했다. 그러나 대화 도중 인류를 파멸시키고 싶다는 말을 사용해 논란이 되었다. 소피아는 사람의 얼굴을 닮았고 표정도 바꿀 수 있고 적절하게 대화도 할 수 있다. 하지만 이것은 데이터를 학습하여 만들어 낸 결과이지 대화하는 중에 진심으로 공감해서 표정을 짓거나 대답을 한 것은 아니다.

2020년 12월 우리나라의 스타트업 기업인 스캐터랩에서 이루다라는 인공지능 챗봇을 출시하였다. 그러나 이루다는 스캐터랩이 운영하는 한 앱에서 수집된 카카오톡 대화 데이터로 학습을 하면서 개인 정보 보호와 관련된 문제와 성소수자 혐오, 성희롱 등과 같은 윤리적인 문제를 일으켜 잠정적으로 서비스가 종료되었다. 이루다에게 학습시킨 데이터는 사적인 대화 내용으로 개인 정보와 관련된 데이터였다. 또 이용하는 사람들이 장난으로 비속어를 쓰거나 폭력적이고 차별적인 언어를 사용하였고, 이런 언어를 여과 없이 모두 학습한 이루다는 결국 윤리적인 문제를 일으키게 되었다. 이루다는 옳고 그름을 판단할 수 없었기 때문이다.

이루다

⬤ 인공지능 챗봇 이루다

이처럼 인공지능이 할 수 있는 일은 많다. 딥 블루, 왓슨, 알파고, 소피아, 이루다 등 우리가 만났던 인공지능을 살펴보았을 때 바둑도 둘 수 있고, 사람과 대화할 수도 있다. 의료 기관에서는 암이나 다른 질병을 진단하는 데 도움을 줄 수도 있고, 법률과 금융 분야에서는 대화형 상담 서비스를 제공해 줄 수도 있다. 하지만 차별적인 언어 사용, 의도적인 악용 등 풀어야 할 숙제도 있다. 발달된 인공지능 기술을 우리 사회에 이롭게 쓰는 것이 우리의 몫일 것이다.

★ 이루다의 차별적인 언어 사용과 편향성의 문제
편향성은 한쪽으로 치우치는 성질을 의미한다. 인공지능이 학습한 데이터에는 편향성이 숨겨져 있을 수 있다. 편향된 데이터를 학습한 인공지능 모델은 편향된 판단과 결정을 할 수 있다.

문제 해결하기 _{활동}

1 인공지능은 우리 삶에 긍정적 영향과 부정적 영향을 모두 줄 수 있다. 이루다와 같은 챗봇 서비스가 우리 삶에 줄 수 있는 긍정적 영향과 부정적 영향에 대해 알아보자.

○ 이루다와 같은 챗봇 서비스

긍정적 영향	부정적 영향

2 인공지능 기술 중 하나를 골라 긍정적 영향과 부정적 영향으로 나누어 보자.

○ 인공지능 기술:

긍정적 영향	부정적 영향

 **해설**

1 이루다와 같은 챗봇 서비스가 우리 삶에 줄 수 있는 긍정적 영향과 부정적 영향에 대해 알아보면 다음과 같다.

○ **이루다와 같은 챗봇 서비스**

긍정적 영향	부정적 영향
• 독거노인과 같이 가족 없이 혼자 살아가는 사람들의 대화 상대가 되어 줄 수 있다. • 사용자가 원하는 정보를 적절하게 찾아 줄 수 있다.	• 편향된 데이터로 인해 성소수자 혐오 발언, 성희롱 발언 등을 할 수 있다. • 신뢰할 수 없거나 잘못된 정보를 제공할 수 있다.

2 인공지능 기술 중 음성 합성 기술과 딥페이크 기술을 활용한 사례를 찾아본 후 긍정적 영향과 부정적 영향으로 나누어 살펴보면 다음과 같다.

○ **인공지능 기술:** 음성 합성 기술, 딥페이크 기술 등

긍정적 영향	부정적 영향
• 갑작스럽게 가족의 죽음을 맞이하여 고통스러워하는 유가족들의 마음을 위로해 줄 수 있다. (딥 노스탤지어 서비스) • 딥페이크 기술을 이용하여 독립 운동가를 복원하여, 역사 공부를 생생하게 하는 데 도움을 받을 수 있다. • 2020년 12월 〈세기의 대결 AI vs 인간〉에서 음성 합성 기술을 이용해 고 신해철의 무대를 복원하여 BTS와 합동 무대를 펼쳤다. • 2022년에도 온라인 스트리밍 서비스의 한 프로그램에서 음성 합성 기술과 딥페이크를 이용해 고 임윤택, 유재하의 공연을 구현하였다.	• 살아있는 사람의 목소리나 얼굴을 흉내 내어 악용한다면 여러 가지 문제가 생길 수 있다. • 회사 고위 임원의 목소리나 친구 얼굴을 모방해 영상 통화를 걸어 금전을 요구하는 범죄가 발생한 적이 있다고 한다.

더 나아가기

✅ AI 윤리

인공지능의 부정적 영향을 줄이고 긍정적 영향을 늘리기 위해 우리나라뿐만 아니라 전 세계적으로도 AI 윤리 규범을 정하고 논의하고 있다. 다음은 OECD AI 권고안 중 신뢰 가능한 AI를 위한 일반 원칙과 국내 IT 기업들의 윤리 원칙에서 공통적인 내용을 정리한 것이다.

신뢰 가능한 AI를 위한 일반 원칙(OECD AI 권고안)

- 포용성과 지속 가능성
- 인간 중심 가치와 공정성
- 투명성과 설명 가능성
- 견고성과 안전성
- 책무성

국내 IT 기업들의 공통적인 윤리 원칙

01 사람을 위한 AI 개발
인간 중심의 가치를 최우선으로 하며, 인류의 편익과 행복을 추구한다.

02 다양성의 존중
다양성의 가치를 고려하여 사용자를 포함한 모든 사람에게 부당하거나 의도적인 차별이 일어나지 않도록 개발하고 이용한다.

03 기술의 포용성
누구나 편리하게 AI를 활용할 수 있으며, 알고리즘 기반의 기술과 서비스가 우리 사회 전반을 포용할 수 있도록 노력한다.

04 안전을 고려한 서비스 설계
안전에 유의하여 서비스 전 과정에서 사람에게 유해한 영향을 미치지 않는 AI 서비스를 설계한다. 특히, 아동과 청소년이 부적절한 정보와 위험에 노출되지 않도록 알고리즘 개발 및 서비스 디자인 단계부터 주의한다.

05 학습 데이터 운영과 정보 보안
알고리즘에 입력되는 학습 데이터를 윤리에 근거하여 수집 · 분석 · 활용하며, 인공지능을 개발하고 이용하는 과정에서 개인 정보 보호에 대한 법적 책임과 의무를 지키고, 사용자의 프라이버시가 보호될 수 있도록 한다. 또한 개발 단계를 포함해 AI 서비스 전 과정에서 정보 보안을 고려한 설계를 적용한다.

인공지능에 반영된 우리 사회의 편견과 차별

　인공지능에서 활용되는 데이터에는 우리 사회의 여러 가지 모습이 반영되어 있다. 이중에서 우리가 별다른 문제의식 없이 받아들이고 있는 성과 인종에 대한 편견이나 차별이 공정하지 못한 결과를 도출하여 논란이 된 경우가 많다. 데이터에 편향이 있다는 것은 곧 우리의 삶 속에 그러한 편견과 차별이 존재한다는 것을 뜻하므로, 인공지능의 공정성과 신뢰성을 확보하기 위해서는 이러한 문제점을 인식하고 편향된 결과를 되풀이하지 않도록 유의해야 한다.

　이러한 사례들은 그동안 미처 알아차리지 못했던 편견과 차별을 가진 우리의 모습을 돌아볼 수 있었던 기회였다. 인공지능은 우리의 과거이자 거울인 것이다.

사례 1

　아마존은 10년 동안 회사에 제출된 이력서 유형을 바탕으로 구직자를 평가하도록 개발된 인공지능으로 채용을 진행하였다. 그러나 인공지능으로 채용을 진행한 결과, 여성보다 남성이 더 많이 채용되었다는 분석이 나와 인공지능을 이용한 채용을 중단했다고 한다. 엔지니어 대다수가 남성이었던 채용 구조가 학습 데이터에 반영되었기 때문에 여성보다 남성을 더 많이 채용하는 일이 발생한 것이다.

〈출처〉 https://www.youtube.com/watch?v=NYrl UGQb0xo

사례 2

　컴파스(COMPAS)는 미국 12개 주에서 판사가 사용하고 있는 예측 치안 시스템이다. 2016년, 재범 가능성이 높은 사람으로 흑인을 잘못 예측할 확률이 백인보다 2배 높고, 재범 가능성이 낮은 사람으로 백인을 잘못 예측할 확률도 흑인보다 2배 높게 나타난다는 분석이 있었다.

⬤ 범죄율을 예측하는 COMPAS 시스템이 보이는 인종적 편향 결과

　인공지능 알고리즘이 남성보다 여성에게 점수를 더 낮게 부여한 것 그리고 백인보다 흑인을 재범 가능성이 높은 것으로 예측한 것은 과거의 성차별, 인종 차별이 반영된 결과였다.

PART 인공지능 실험실

'PART 2 인공지능 실험실'은

인공지능의 원리를 이해하고 실험을 통해 탐구할 수 있도록 탐색, 추론, 학습 알고리즘의 개념과 특징, 예제와 탐구 문제 등으로 구성하였습니다.

Part 2에서는 깊이 우선 탐색과 너비 우선 탐색 방법을 알아보고, 추론을 통해 새로운 사실을 만들고 문제를 해결해 봅니다. 또한 기계학습의 개념과 지도학습과 비지도학습의 차이와 분류, 군집화 등 기계학습의 활용 분야를 알아본 후, 퍼셉트론의 개념 이해를 통해 딥러닝의 기본 개념을 알아봅니다.

01 미로를 탈출할 길을 찾아볼까?

핵심 개념   초기 상태, 목표 상태, 수행 작업, 깊이 우선 탐색, 스택

학습 목표   깊이 우선 탐색을 통해 미로를 탈출하는 방법을 찾을 수 있다.

그리스 신화에 나오는 이야기다.

기원전 2천 년경, 크레타섬에는 인간의 몸에 황소의 머리를 가진 미노타우로스라는 괴물이 살고 있었다. 미노스 왕은 솜씨 좋은 공인 다이달로스에게 부탁하여 일단 들어가면 빠져 나올 수 없도록 교묘하게 미궁을 꾸미라고 한 후, 그 괴물을 가두었다. 이 소식을 들은 젊은 용사들은 저마다 그 괴물을 무찌르려고 했으나 아무도 그 미궁을 빠져나오지 못하고 꽃다운 목숨만 바치고 말았다. 마침내 그 괴물은 미노스 왕의 딸 아리아드네의 도움을 받은 그리스의 영웅 테세우스에 의해 퇴치되었다.

테세우스는 출구를 알 수 없는 미궁에서 어떻게 빠져나올 수 있었을까? 테세우스는 아리아드네가 준 실타래의 끝을 자신의 옷자락에 묶고 실을 풀며 들어갔다가 다시 실을 따라 나왔다고 한다.

> ✅ 만약 실이 끊어져서 테세우스가 새로운 경로를 찾아서 미궁을 빠져나와야 한다면, 경로를 찾는 방법에는 무엇이 있을지 생각해 보자.

우리는 살아가면서 다양한 문제를 만나고 그 문제를 해결하기 위해 여러 가지 노력을 한다. 문제 해결이란 어떤 문제 상태에서 문제가 해결된 목표 상태*로 가는 탐색 과정이라고 할 수 있다. 문제 해결은 인공지능 응용에 있어서 기본이 되며, 문제를 해결하는 능력은 인간과 기계에 대한 지능을 평가하는 척도로 사용되기도 한다.

★ 목표 상태
문제가 해결된 상태. 최종 상태

문제에는 2가지 형태가 있다. 첫 번째는 계산을 통해 정확한 답을 구할 수 있는 문제다. 이러한 문제는 알고리즘을 이용하여 해결할 수 있다. 두 번째는 계산을 통해서는 정확한 답을 구할 수 있는 방법을 찾지 못한 문제들로서, 이를 해결하기 위해서는 가능한 모든 해결 방법들을 순서대로 문제 상황에 적용하여 문제 해결 여부를 판단해야 한다. 이처럼 해결 방법 하나하나를 적용하여 문제를 해결하는 것을 인공지능 탐색이라고 한다.

초창기 인공지능 개발자들은 컴퓨터 성능의 한계 내에서 문제를 해결하기 위한 가장 좋은 탐색 방법을 찾기 위해 노력했다. 현재도 탐색은 문제 해결을 위한 중요한 요소다.

▲ 계산 문제   ▲ 탐색 문제

◐ 문제의 2가지 형태

탐색이라는 관점에서 미로를 빠져나오는 문제를 생각해 보자.

사람은 미로 속 여러 갈래 길을 직접 걸으면서 어느 곳이 막혀 있는지, 또 어느 곳이 다른 곳과 연결되는지를 확인하고, 알게 된 정보들을 이용하여 출구를 탐색한다. 즉 인간은 인간이 가진 직관에 의해 빠르게 문제 해결 여부를 파악할 수 있다. 반면 인공지능은 수많은 경우의 수를 모두 고려하여 트리*나 그래프* 등 탐색할 수 있는 형태로 문제를 구조화한 후, 탐색을 진행한다.

인공지능에서 탐색은 문제를 해결할 수 있는 최선의 해를 체계적으로 찾아보는 것으로, '초기 상태*'에서 출발해 다양한 탐색 과정을 거쳐 '목표 상태'에 이르는 경로를 찾아내는 작업이라고도 할 수 있다. 이때 탐색하는 도중 거쳐 가게 되는 각각의 상황을 '상태'라 하고, 그런 상태의 집합을 '상태 공간'이라 한다.

★ 트리(tree)
직장의 조직도나 컴퓨터의 폴더 구조처럼 데이터들이 계층적인 구조를 가지는 경우, 그러한 계층 구조를 표현할 때 사용하는 그래프의 한 종류이다. 정점과 간선으로 이루어져 있으며, 서로 다른 두 정점을 잇는 길은 하나뿐이다.

★ 그래프(graph)
데이터 간의 관계를 정점과 그 정점을 연결하는 간선으로 나타낸 것으로, 정점은 데이터를 나타내고 간선은 데이터 간의 관계를 나타낸다. 그래프를 탐색한다는 것은 하나의 정점으로부터 시작하여 차례대로 모든 정점들을 한 번씩 방문하는 것을 말한다.

★ 초기 상태
문제의 첫 번째 상태, 시작 상태

🔺 문제 해결 과정

인공지능이 최적의 해를 찾기 위한 탐색을 할 때 아무런 정보가 주어지지 않는다면 인공지능은 모든 경우의 수를 고려하여 문제를 해결해야 한다. 이처럼 탐색을 위한 정보가 주어지지 않는 경우를 무정보 탐색(맹목적 탐색)이라 하고, 무정보 탐색에는 깊이 우선 탐색(DFS; Depth First Search)과 너비 우선 탐색(BFS; Breath First Search) 등이 있다.

이번 단원에서는 무정보 탐색 방법 중 깊이 우선 탐색에 대해 알아보자.

★ 휴리스틱(Heuristic) 탐색
길 찾기 문제에서 무작정 길을 찾기보다는 지도나 다양한 도로 정보를 바탕으로 길을 찾으면 훨씬 더 쉽고 빠르게 길 찾기가 가능하다. 이처럼 인간이 알고 있는 경험적 지식을 인공지능에게 정보로 제공함으로써 적당한 탐색 경로를 찾게 하는 것을 휴리스틱 탐색이라고 한다. 휴리스틱 탐색은 탐색 공간을 축소하여 효율적으로 문제를 해결할 수 있다.

1 깊이 우선 탐색(DFS: Depth First Search)

깊이 우선 탐색은 미로를 탐색할 때 한 방향으로 갈 수 있을 때까지 계속 가다가 더 이상 갈 수 없게 되면 다시 가장 가까운 갈림길로 돌아와서 이곳으로부터 다른 방향으로 다시 탐색을 진행하는 방법과 유사하다. 현재 상태로부터 연결된 여러 개의 다음 상태 중 탐색하지 않은 하나의 상태를 선택하여 탐색을 진행한다. 이때 선택한 상태와 연결된 모든 상태들을 빠짐없이 탐색한 후, 만약 더 이상 탐색할 다음 상태가 없다면 바로 직전 상태로 되돌아가서 같은 방법으로 그 상태와 연결된 모든 상태를 탐색한다. 이때 더 이상 탐색할 다음 상태가 없어서 이전 상태로 되돌아가는 행동을 '백트랙(backtrack)'이라고 한다.

아래 그림과 같이 표현한 자료 구조를 트리라고 하며, 트리는 정점과 간선으로 이루어진다. 정점은 원으로 표시된 부분을 말하고, 간선은 정점과 정점을 연결하는 선을 말한다.

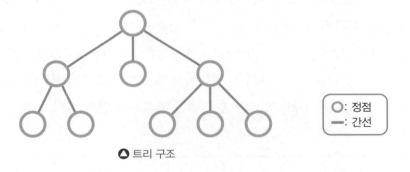

○: 정점
━: 간선

▲ 트리 구조

트리에서 가장 위쪽 정점(루트)으로부터 출발하여 깊이 우선 탐색으로 탐색하면 다음과 같다.

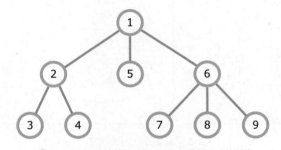

▲ 깊이 우선 탐색(번호순으로 각 상태를 탐색함)

①번 정점을 탐색한 뒤 다음 상태가 될 수 있는 정점은 3개(②, ⑤, ⑥)가 있다. 이 중 원하는 정점을 선택하여 탐색해도 되지만, 이 과정에서는 항상 탐색하지 않은 정점 중 가장 왼쪽에 있는 정점을 선택하여 탐색하려고 한다. 따라서 ②번 정점을 탐색한 후 위와 같은 방법으로 ③번 정점을 탐색한다. ③번 정점 이후에는 더 이상 진행할 수 있는 정점이 없으므로 탐

색을 계속할 수 없다. 이런 경우에는 바로 직전 정점인 ②번 정점으로 백트랙해야 한다. ②번 정점으로 백트랙하면 아직 탐색하지 않은 정점인 ④번 정점으로 탐색을 진행할 수 있다.

④번 정점 이후에는 더 이상 탐색할 수 있는 정점이 없으므로 다시 ②번 정점으로 백트랙하고, ②번 정점에서도 더 이상 탐색할 정점이 없으므로 ①번 정점으로 백트랙한 후, 탐색하지 않은 정점 중 가장 왼쪽 정점인 ⑤번 정점을 탐색한다. 이와 같은 과정을 반복해서 수행하면 마지막 ⑨번 정점까지 탐색할 수 있다.

탐색 시작 → ①번 정점 → ②번 정점 → ③번 정점 → ④번 정점 → ⑤번 정점 → ⑥번 정점 → ⑦번 정점 → ⑧번 정점 → ⑨번 정점 → 끝

깊이 우선 탐색을 효율적으로 처리하기 위해서는 스택(Stack)이라는 자료 구조를 활용할 수 있다. 스택은 한쪽에서만 자료를 넣고 뺄 수 있으며, 가장 나중에 입력한 자료가 가장 먼저 출력되는 자료 구조다. 스택은 '박스 쌓기'에 비유할 수 있다. 박스를 아래에서 위로 차곡차곡 쌓으면 아래에 있는 박스를 치우기 위해서는 맨 위의 박스부터 치워야 한다. 예를 들어 스택에 ①, ②, ③을 순서대로 입력한 후 자료를 출력하면 먼저 ③이 출력되고, 그 다음은 ②가 출력된다.

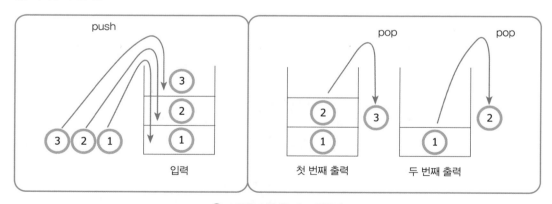

⬥ 스택을 이용한 자료 입출력

깊이 우선 탐색은 가장 마지막에 만났던 갈림길 간선의 정점으로 되돌아가서 다시 탐색을 반복해야 하므로, 가장 나중에 입력한 자료가 가장 먼저 출력되는 스택을 사용한다.

컴퓨터에서는 스택을 언제 활용할까?
가장 쉬운 사례로는 문서 편집 혹은 그림 편집과 같은 응용 프로그램 사용 도중 방금 한 작업을 취소하기 위해 사용하는 되돌리기 기능이나, 웹 브라우저 사용 시 방금 전 방문했던 사이트들의 기록을 저장해 두었다가 '이전 페이지로 돌아가기' 기능 등을 들 수 있다.

2 스택으로 깊이 우선 탐색

스택을 활용하여 깊이 우선 탐색을 하는 절차는 다음과 같다.

> **준비 단계** 초기 상태를 스택에 입력하고, 체크 배열*에 초기 상태를 ○로 체크한다.
>
> **단계1** 스택에서 자료를 하나 출력하고, 그 값을 현재 상태로 한다.
>
> **단계2** 현재 상태로부터 탐색 가능한 상태 중 아직 체크 배열에 체크되지 않은 상태들을 스택에 오른쪽부터 왼쪽 순으로 입력한다.
>
> **단계3** 스택에 입력한 상태들을 모두 체크 배열에서 ○로 체크한다.
>
> **단계4** 스택에 아직 자료가 남아 있으면 **단계2** 를 진행하고, 비었으면 종료한다.
>
> ★탐색 과정에서 이미 방문한 정점을 기록해 놓고 다시 방문하지 않기 위해 체크 배열을 사용한다.

스택을 활용하여 다음과 같이 주어진 트리를 깊이 우선 탐색으로 탐색하는 과정을 살펴보자. 이때 시작 정점은 ①번이다.

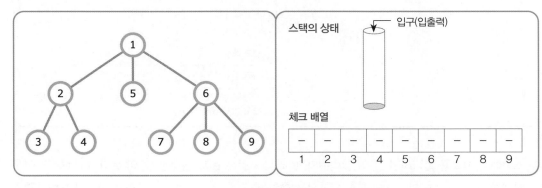

❶ 준비 단계로 초기 상태인 ①을 스택에 입력하고, 체크 배열에 초기 상태인 ①을 ○로 체크한다.

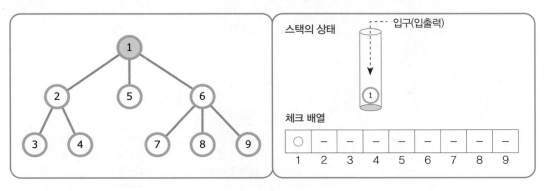

❷ 스택으로부터 자료를 하나 출력하면 ①이 현재 상태가 된다.

❸ 현재 상태로부터 탐색 가능한 다음 상태들인 ②, ⑤, ⑥을 오른쪽에서 왼쪽 순으로, 즉 ⑥, ⑤, ② 순으로 스택에 입력하고, 각각 체크 배열에 ○로 체크한다.

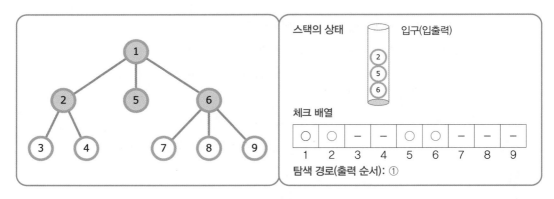

❹ 스택에서 자료를 출력하면 ②가 출력된다. 따라서 새로운 현재 상태는 ②가 되며 현재 상태로부터 이동 가능한 다음 상태인 ③, ④를 오른쪽에서 왼쪽 순으로 스택에 입력하고, 각각 체크 배열에 ○로 체크한다.

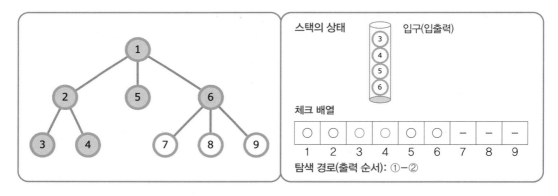

❺ 스택에서 자료를 출력하면 ③이 출력된다. 따라서 새로운 현재 상태는 ③이 된다. 하지만 더 이상 탐색할 다음 상태가 없으므로 단계 1 을 실행하여 ④가 출력되고, ④가 현재 상태가 된다. ④도 더 이상 탐색할 다음 상태가 없으므로 단계 1 을 실행한다.

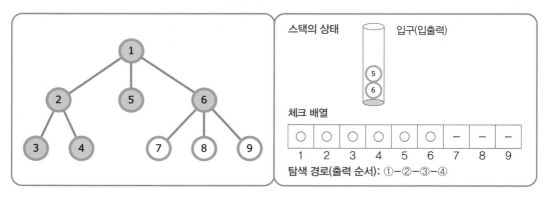

❻ 스택에서 자료를 출력하면 ⑤가 현재 상태가 되고, 더 이상 진행 가능한 다음 상태가 없으므로 다시 스택에서 자료를 하나 출력하면 ⑥이 현재 상태가 된다. ⑥에 연결된 다음 상태인 ⑦, ⑧, ⑨를 오른쪽에서 왼쪽 순으로 스택에 입력하고 각각 체크 배열에 ◯로 체크한다.

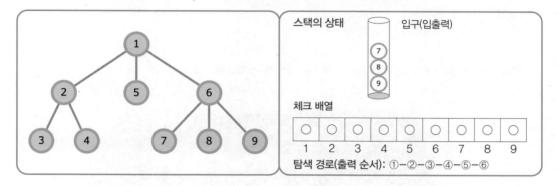

❼ 탐색을 계속 진행하면 스택은 비게 되고 탐색 경로는 다음과 같다.

①－②－③－④－⑤－⑥－⑦－⑧－⑨

위와 같이 스택을 활용하면 깊이 우선 탐색을 효율적으로 구현할 수 있다.

✅ 삼양이가 똑같은 모양의 방으로 구성된 미로에 갇혀 있다. 삼양이가 미로를 탈출할 방법을 탐색해 보자.

[문제 상황] 다음과 같이 모두 똑같은 모양으로 구성된 25개의 방으로 이루어진 미로가 있다.

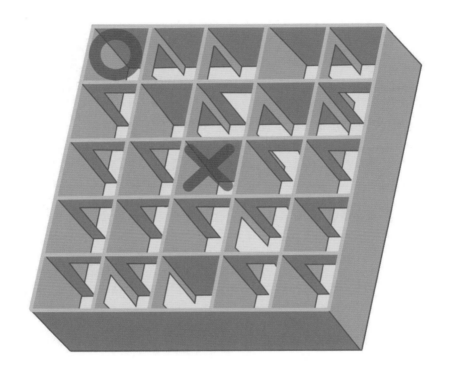

[조건] 미로의 각 방은 상, 하, 좌, 우 벽으로 이루어져 있으며 벽에는 다음 방으로 가는 문이 있을 수도 있고, 없을 수도 있다. 이때 문이 있는 쪽 방향으로는 문을 열고 다음 방으로 진행할 수 있으며, 문이 없는 방향으로는 진행할 수 없다.

출발 위치는 ○로 표시된 방이고, 미로를 탈출할 수 있는 방은 X로 표시되어 있다. 삼양이는 현재 미로의 출발 위치에 있다.

삼양이가 미로를 탈출할 수 있는 방까지 도달하기 위해서는 어떤 방법으로 탐색을 해야 할까?

✅ 삼양이가 미로를 탈출할 방법을 탐색을 통해 해결하기 위해서는 다음과 같은 단계를 거친다.

> **탐색으로 문제를 해결하기 위한 진행 과정**
>
> **단계 1** 문제 분석을 통한 핵심 요소 추출
> **단계 2** 추상화를 통한 상태 정의
> **단계 3** 초기 상태와 목표 상태 설정
> **단계 4** 현재 상태로부터 다음 상태로 진행하기 위한 수행 작업 설정
> **단계 5** 상태 공간 트리를 체계적으로 탐색하여 문제 해결

단계 1 **문제 분석을 통한 핵심 요소 추출**

문제를 분석하는 이유는 문제 해결에 꼭 필요한 요소들과 그렇지 않은 요소들을 구분하기 위함이다. 이때 문제 해결에 필요한 요소들을 핵심 요소라고 하며, 이 문제의 조건에 드러난 핵심 요소는 다음과 같다.

> **핵심 요소**
>
> • ○로 표시된 방은 출발 위치이다.
> • X로 표시된 방은 탈출 가능한 유일한 위치이다.
> • 문제의 목표는 탈출 가능한 방에 도달하는 것이다.
> • 현재 위치로부터 이동할 수 있는 방은 상, 하, 좌, 우로 연결된 4개의 방 중 하나이다.
> • 상, 하, 좌, 우 중 문이 있는 방향으로만 이동할 수 있다.

핵심 요소들은 문제의 상태를 정의하고, 탐색 공간을 구성하여 문제를 해결하는 데 있어서 매우 중요하다. 하지만 문제의 지문에 직접적으로 드러나지는 않지만 문제를 해결하는 데 필요한 핵심 요소들도 있다. 이러한 요소들은 다음과 같다.

> 더 이상 진행할 방이 없을 경우를 제외하고는 직전 방으로 되돌아가지는 않는다.

추상화란 복잡한 문제 상황을, 추출한 핵심 요소들을 이용하여 간략화하여 표현하는 것을 말한다. 이와 같이 추상화를 거치면 복잡한 문제 상황이 하나의 명료한 상태로 표현된다.

미로 탐색 문제의 경우, 각 방을 하나의 칸으로 표현하여 표 형태로 나타낼 수 있다. 또, 표의 각 칸을 유일한 번호로 나타낸 후 각 방의 상, 하, 좌, 우의 벽과 문의 상태에 따라 이동할 수 있는 경우 선으로 연결하면 다음과 같이 추상화할 수 있다.

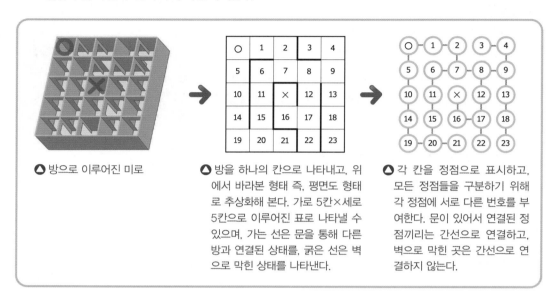

◆ 방으로 이루어진 미로

◆ 방을 하나의 칸으로 나타내고, 위에서 바라본 형태 즉, 평면도 형태로 추상화해 본다. 가로 5칸×세로 5칸으로 이루어진 표로 나타낼 수 있으며, 가는 선은 문을 통해 다른 방과 연결된 상태를, 굵은 선은 벽으로 막힌 상태를 나타낸다.

◆ 각 칸을 정점으로 표시하고, 모든 정점들을 구분하기 위해 각 정점에 서로 다른 번호를 부여한다. 문이 있어서 연결된 정점끼리는 간선으로 연결하고, 벽으로 막힌 곳은 간선으로 연결하지 않는다.

2차 추상화 그래프 구조에서는 삼양이가 있는 위치가 가장 중요하므로, 다시 그 부분만 추출하고 간략화하여 다음과 같이 나타낼 수 있다.

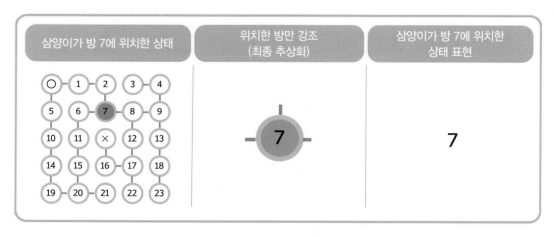

이와 같이 삼양이가 미로에서 위치한 방의 위치를 강조하여 하나의 상태로 표현하면 문제를 해결하는 데 큰 도움이 된다.

단계3 **초기 상태와 목표 상태 설정**

초기 상태는 삼양이가 ○로 표시된 방에 위치한 상태가 된다. 따라서 초기 상태는 다음과 같이 표현할 수 있다.

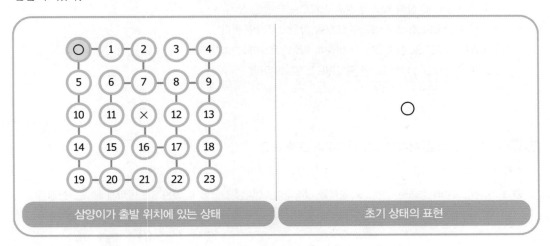

같은 방법으로 목표 상태는 다음과 같이 표현할 수 있다.

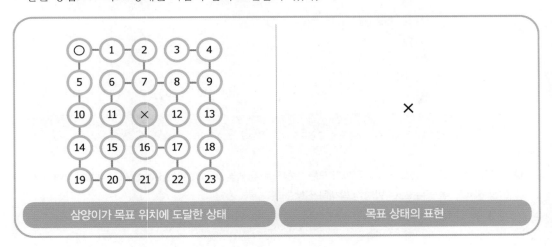

단계4 **현재 상태로부터 다음 상태로 진행하기 위한 수행 작업 설정**

미로 탐색 문제의 초기 상태는 삼양이가 방 ○에 있는 상태이다. 이 상태로부터 가능한 다음 상태는 오른쪽 그림과 같이 상, 하, 좌, 우 네 방향에 위치한 방들 중 문이 있는 방 1과 방 5의 두 곳뿐이다.

따라서 현재 상태로부터 다음 상태로 진행하기 위해서는 상, 하, 좌, 우 중 이동 가능한 방으로 이동하는 수행 작업을 진행할 수 있다.

현재 상태로부터 다음 상태로 진행하기 위한 수행 작업은 다음과 같이 위쪽으로부터 시작하여 시계 방향으로 탐색하도록 수행 작업을 정한다.

> • 위쪽 방향으로 선이 있으면 위쪽 방향으로 이동한다.
> • 오른쪽 방향으로 선이 있으면 오른쪽 방향으로 이동한다.
> • 아래쪽 방향으로 선이 있으면 아래쪽 방향으로 이동한다.
> • 왼쪽 방향으로 선이 있으면 왼쪽 방향으로 이동한다.

단계5 상태 공간을 체계적으로 탐색하여 문제 해결

초기 상태로부터 상태 공간을 탐색하여 문제를 해결한 과정은 다음과 같다.

❶ 초기 상태로부터 정해진 방법으로 탐색을 시작하여 더 이상 진행할 수 없는 3번 방까지 탐색을 진행한다.

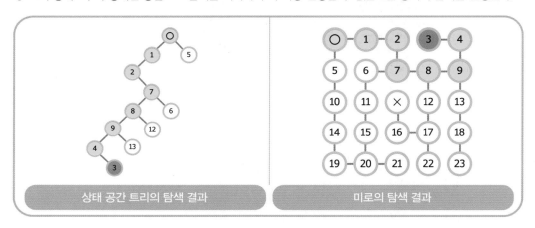

상태 공간 트리의 탐색 결과　　　　미로의 탐색 결과

❷ 더 이상 진행할 수 없으므로 아직까지 모든 방향으로 탐색을 마치지 않은 9번 방까지 백트랙하여 다시 더 이상 진행할 수 없는 23번 방까지 탐색을 진행한다.

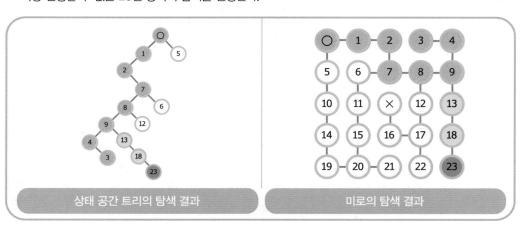

상태 공간 트리의 탐색 결과　　　　미로의 탐색 결과

❸ 모든 방향으로 탐색을 마치지 않은 8번 방까지 백트랙하여 다시 더 이상 진행할 수 없는 22번 방까지 탐색을 진행한다.

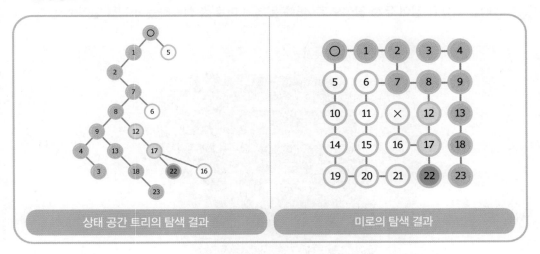

| 상태 공간 트리의 탐색 결과 | 미로의 탐색 결과 |

❹ 모든 방향으로 탐색을 마치지 않은 17번 방까지 백트랙하여 목표 상태까지 탐색을 진행한다.

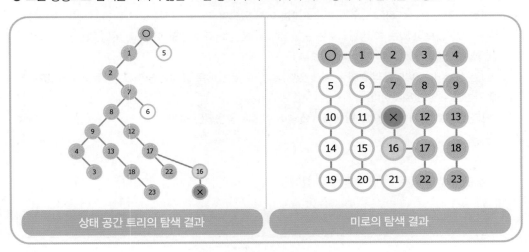

| 상태 공간 트리의 탐색 결과 | 미로의 탐색 결과 |

❺ 탐색 결과 초기 상태인 '○'로부터 출발하여 다음과 같은 탈출 경로를 통해 탈출할 수 있다.

○ — 1 — 2 — 7 — 8 — 12 — 17 — 16 — ×

이처럼 먼저 정해진 방향으로 계속 탐색하여 더 이상 진행할 수 없는 방까지 진행한 후, 바로 직전에 방문한 방으로 다시 백트랙하여 탐색하지 않은 다른 방들을 체계적으로 탐색하는 방법을 깊이 우선 탐색이라고 한다. 가능한 모든 경우를 찾아야 할 때 이 방법을 선택하며, 다양한 문제를 해결하는 데 활용할 수 있다.

○ →	1 →	2	3	4
5	6	7 →	8	9
10	11	×	12	13
14	15	16 ←	17	18
19	20	21	22	23

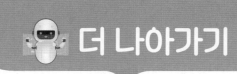

더 나아가기

✅ 스택을 활용한 깊이 우선 탐색으로 '48쪽 문제의 미로'를 탈출하는 과정을 알아보자.

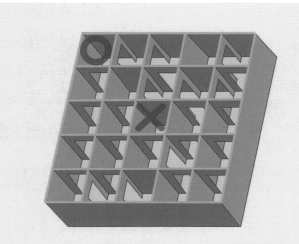

　　미로의 각 방은 상, 하, 좌, 우가 벽으로 이루어져 있으며, 벽에는 다음 방으로 가는 문이 존재하는 경우도 있다. 문이 있는 쪽 방향으로는 문을 열고 다음 방으로 진행할 수 있고, 문이 없는 방향으로는 진행할 수 없다.

　　지금 삼양이는 이 미로의 출발 위치에 있다. 출발 위치는 ○로 표시된 방이고, ×로 표시된 방은 탈출 가능한 유일한 위치이다.

　　탈출 경로를 찾기 위한 미로 탐색에서 스택이 어떻게 활용되는 걸까?

스택을 활용한 깊이 우선 탐색을 통해 문제를 해결하는 과정은 다음과 같다.

❶ 준비 단계로 초기 상태인 ⓞ를 스택에 입력하고, 체크 배열에 초기 상태인 ⓞ에 해당하는 곳을 ○로 체크한다.

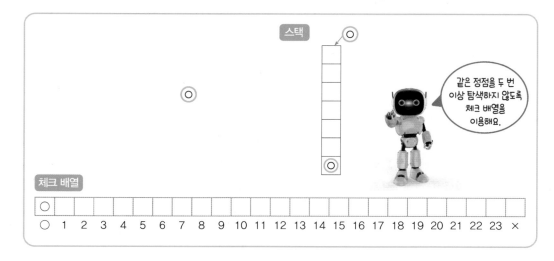

❶ 스택으로부터 자료를 하나 출력하면 ⓞ가 현재 상태가 된다. 현재 상태로부터 탐색 가능한 다음 상태인 ①, ⑤를 오른쪽에서 왼쪽 순으로, 즉 ⑤, ① 순으로 스택에 입력하고, 각각 체크 배열에 ○로 체크한다.

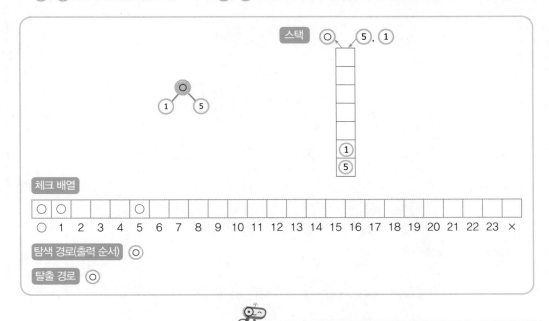

○	1	2	3	4	5	6	7	8	9	10	11	12	13	14	15	16	17	18	19	20	21	22	23	×

탐색 경로(출력 순서) ⓞ

탈출 경로 ⓞ

ⓞ에서 다음 상태가 될 수 있는 상태는 ①, ⑤이다. 스택에 넣는 순서는 왼쪽부터 시작하여 시계 반대 방향이므로 ⑤, ① 순이다.

하나 더 알기

● **탐색 순서와 스택의 입력 순서**

▶ **탐색 순서:** 현재 상태에서 다음 상태로 진행하기 위한 수행 작업은 다음과 같이 위쪽에서부터 시작하여 시계 방향으로 탐색한다.

- 위쪽으로 선이 있으면, 위쪽 방향으로 이동
- 오른쪽으로 선이 있으면, 오른쪽 방향으로 이동
- 아래쪽으로 선이 있으면, 아래쪽 방향으로 이동
- 왼쪽으로 선이 있으면, 왼쪽 방향으로 이동

▶ **스택에 저장하는 순서:** 스택에 저장하는 순서는 탐색 순서와 반대이다. 따라서 다음과 같이 왼쪽부터 시계 반대 방향으로 다음 상태가 가능한 상태를 스택에 입력한다.

- 왼쪽에 있는 상태가 다음 상태로 가능하면 스택에 입력
- 아래쪽에 있는 상태가 다음 상태로 가능하면 스택에 입력
- 오른쪽에 있는 상태가 다음 상태로 가능하면 스택에 입력
- 위쪽에 있는 상태가 다음 상태로 가능하면 스택에 입력

❷ 스택에서 자료를 하나 출력하면 ①이 현재 상태가 된다. 현재 상태로부터 탐색 가능한 다음 상태인 ②를 스택에 입력하고, 체크 배열에 ○로 체크한다.

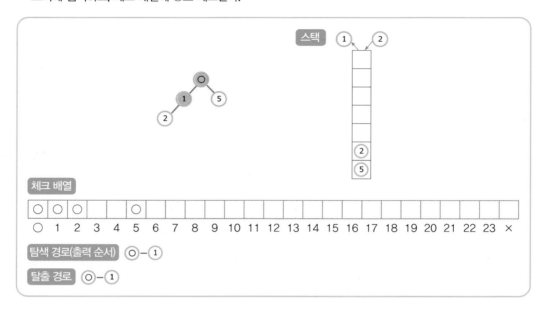

❸ 스택으로부터 자료를 하나 출력하면 ②가 현재 상태가 된다. 현재 상태로부터 탐색 가능한 다음 상태인 ⑦을 스택에 입력하고, 체크 배열에 ○로 체크한다.

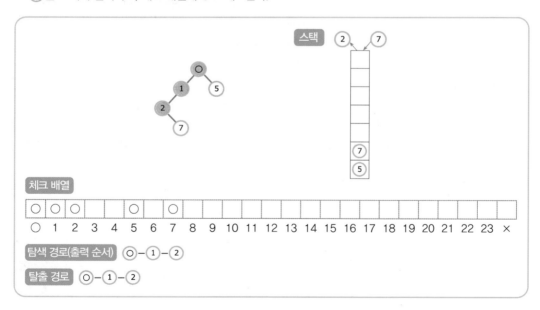

❹ 스택으로부터 자료를 하나 출력하면 ⑦이 현재 상태가 된다. 현재 상태로부터 탐색 가능한 다음 상태인 ⑧, ⑥을 오른쪽에서 왼쪽 순으로, 즉 ⑥, ⑧ 순으로 스택에 입력하고, 각각 체크 배열에 ○로 체크한다.

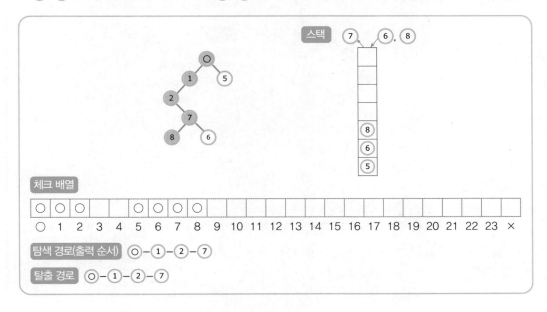

❺ 스택으로부터 자료를 하나 출력하면 ⑧이 현재 상태가 된다. 현재 상태로부터 탐색 가능한 다음 상태인 ⑨, ⑫를 오른쪽에서 왼쪽 순으로, 즉 ⑫, ⑨ 순으로 스택에 입력하고, 각각 체크 배열에 ○로 체크한다.

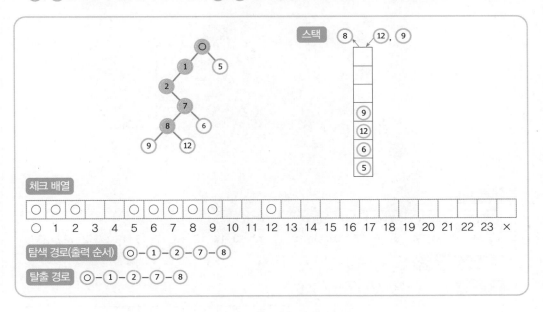

⑥ 스택으로부터 자료를 하나 출력하면 ⑨가 현재 상태가 된다. 현재 상태로부터 탐색 가능한 다음 상태인 ④, ⑬을 오른쪽에서 왼쪽 순으로, 즉 ⑬, ④ 순으로 스택에 입력하고, 각각 체크 배열에 ○로 체크한다.

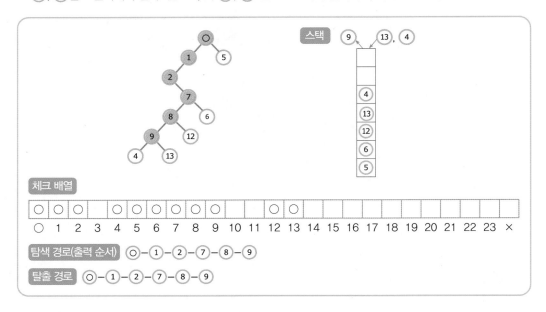

⑦ 스택으로부터 자료를 하나 출력하면 ④가 현재 상태가 된다. 현재 상태로부터 탐색 가능한 다음 상태인 ③을 스택에 입력하고, 체크 배열에 ○로 체크한다.

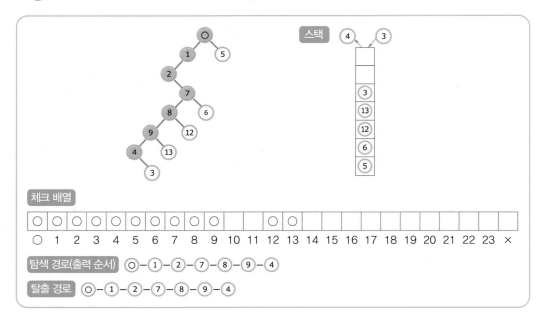

⑧ 스택으로부터 자료를 하나 출력하면 ③이 현재 상태가 된다. 현재 상태로부터 탐색 가능한 다음 상태는 없으므로 스택에 아무것도 넣지 않는다.

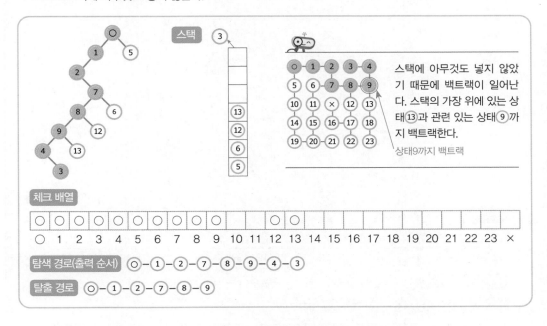

⑨ 스택으로부터 자료를 하나 출력하면 ⑬이 현재 상태가 된다. 현재 상태로부터 탐색 가능한 다음 상태인 ⑱을 스택에 입력하고, 체크 배열에 ○로 체크한다.

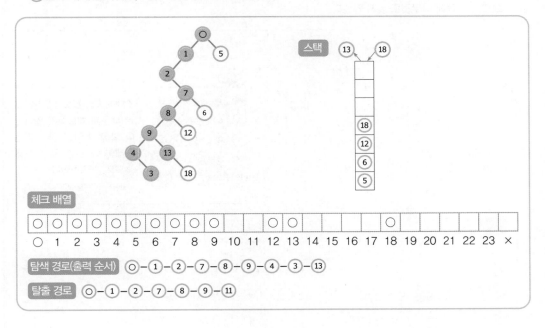

⑩ 스택으로부터 자료를 하나 출력하면 ⑱이 현재 상태가 된다. 현재 상태로부터 탐색 가능한 다음 상태인 ㉓을 스택에 입력하고, 체크 배열에 ○로 체크한다.

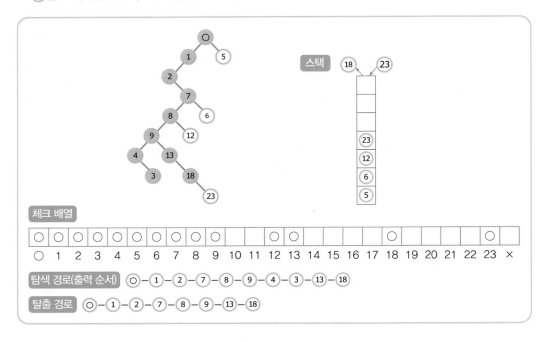

⑪ 스택으로부터 자료를 하나 출력하면 ㉓이 현재 상태가 된다. 현재 상태로부터 탐색 가능한 다음 상태는 없으므로 스택에 아무것도 넣지 않는다.

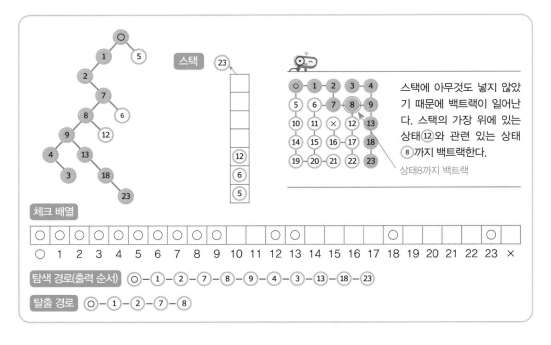

스택에 아무것도 넣지 않았기 때문에 백트랙이 일어난다. 스택의 가장 위에 있는 상태⑫와 관련 있는 상태⑧까지 백트랙한다.

상태8까지 백트랙

⑫ 스택으로부터 자료를 하나 출력하면 ⑫가 현재 상태가 된다. 현재 상태로부터 탐색 가능한 다음 상태인 ⑰을 스택에 입력하고, 체크 배열에 ○로 체크한다.

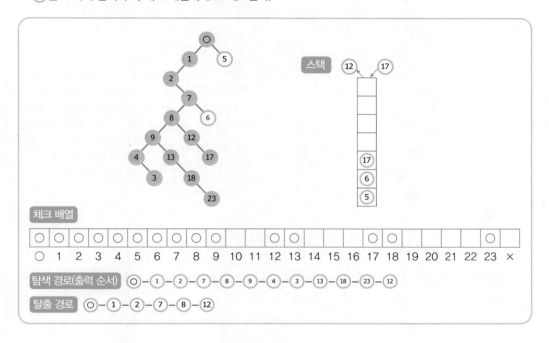

체크 배열

○	1	2	3	4	5	6	7	8	9	10	11	12	13	14	15	16	17	18	19	20	21	22	23	×
○	○	○	○	○	○	○	○	○	○			○	○			○	○					○		

탐색 경로(출력 순서) ○-①-②-⑦-⑧-⑨-④-③-⑬-⑱-㉓-⑫

탈출 경로 ○-①-②-⑦-⑧-⑫

⑬ 스택으로부터 자료를 하나 출력하면 ⑰이 현재 상태가 된다. 현재 상태로부터 탐색 가능한 다음 상태인 ㉒, ⑯을 오른쪽에서 왼쪽 순으로, 즉 ⑯, ㉒ 순으로 스택에 입력하고, 각각 체크 배열에 ○로 체크한다.

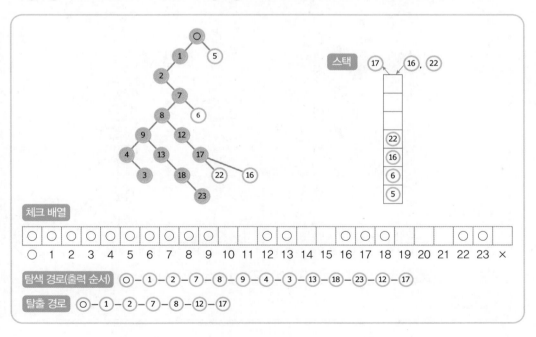

체크 배열

○	1	2	3	4	5	6	7	8	9	10	11	12	13	14	15	16	17	18	19	20	21	22	23	×
○	○	○	○	○	○	○	○	○	○			○	○			○	○	○				○	○	

탐색 경로(출력 순서) ○-①-②-⑦-⑧-⑨-④-③-⑬-⑱-㉓-⑫-⑰

탈출 경로 ○-①-②-⑦-⑧-⑫-⑰

⑭ 스택으로부터 자료를 하나 출력하면 ㉒가 현재 상태가 된다. 현재 상태로부터 탐색 가능한 다음 상태는 없으므로 스택에 아무것도 넣지 않는다.

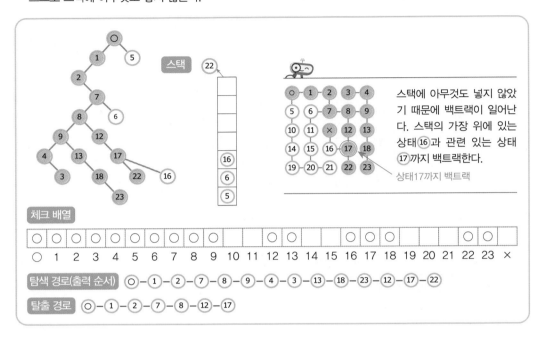

⑮ 스택으로부터 자료를 하나 출력하면 ⑯이 현재 상태가 된다. 현재 상태로부터 탐색 가능한 다음 상태인 ×를 스택에 입력하고, 체크 배열에 ○로 체크한다.

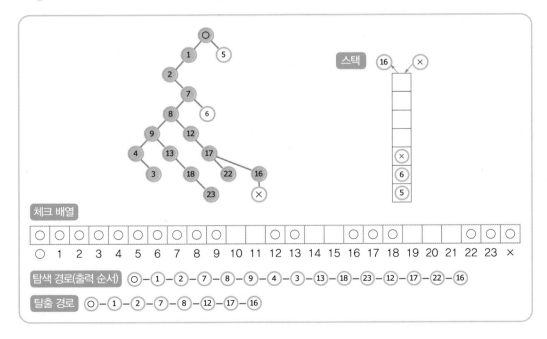

⑯ 스택으로부터 자료를 하나 출력하면 ⊗가 현재 상태가 된다. ⊗가 목표 상태이므로 탐색을 종료한다.

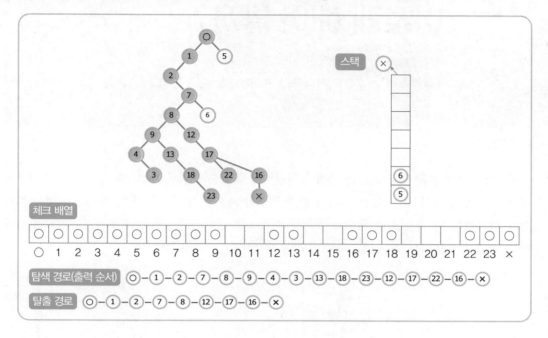

초기 상태 '○'에서 출발하여 아래와 같은 순서로 탐색하여 목표 상태 '×'에 도착할 수 있다.

○ — 1 — 2 — 7 — 8 — 9 — 4 — 3 — 13 — 18 — 23 — 12 — 17 — 22 — 16 — ⊗

또한 스택과 백트랙을 이용하여 초기 상태 '○'에서 목표 상태 '×'로 가는 탈출 경로는 다음과 같다.

○ — 1 — 2 — 7 — 8 — 12 — 17 — 16 — ⊗

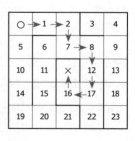

02 최단 경로를 찾으려면 어떻게 해야 할까?

핵심 개념 너비 우선 탐색, 큐, 최단 경로의 길이 구하기
학습 목표 너비 우선 탐색을 통해 최단 거리를 탐색할 수 있다.

예전에는 지하철을 타고 모르는 곳에 찾아가려면 복잡하게 얽힌 노선도를 한참이나 들여다보면서 몇 호선을 타야 하는지, 또 어디서 환승을 해야 하는지 살펴봐야 했다. 하지만 이제는 최단 경로 알고리즘*이 적용된 지하철 노선 정보 서비스를 실행하여 출발지와 도착지를 입력하기만 하면, 목적지까지 가는 최단 경로를 쉽게 찾을 수 있다.

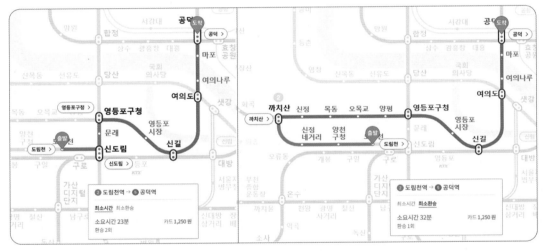

⬢ 예를 들어 도림천역에서 공덕역까지 가는 경우, 최소 시간과 최소 환승 조건을 각각 적용하여 사용자가 원하는 최단 경로를 찾을 수 있다.

★ **최단 경로 알고리즘**: 그래프의 두 정점 사이의 경로 가운데 길이가 가장 짧은 경로를 찾아가는 알고리즘

★ **알고리즘**: 문제를 해결하기 위한 방법이나 절차

✅ 이러한 최단 경로 탐색 방법은 길 찾기 서비스뿐만 아니라 건물이나 도시 설계, 통신망 설계, 항공로 탐색, 반도체의 집적 회로 설계 등 다양한 분야에서 활용되고 있다. 최단 경로 탐색 방법 중 하나인 너비 우선 탐색에 대해 알아보자.

앞에서 인공지능이 최적의 해를 찾기 위한 탐색을 할 때 탐색을 위한 정보가 주어지지 않는 무정보 탐색(맹목적 탐색)으로 깊이 우선 탐색(DFS; Depth First Search)을 학습했다. 여기서는 너비 우선 탐색(BFS; Breath First Search) 방법에 대해 알아보려고 한다.

깊이 우선 탐색이 갈림길에서 하나의 길로 들어서서 막다른 길이 나올 때까지 깊게 탐색한다면, 너비 우선 탐색은 갈림길에 연결되어 있는 같은 레벨의 모든 길을 한 번씩 탐색한 뒤, 다시 다음 레벨에 연결되어 있는 모든 길을 넓게 탐색한다고 할 수 있다.

1 너비 우선 탐색(BFS; Breadth First Search)

너비 우선 탐색은 목표 조건을 판정할 수 있는 조건 검사 이외에는 문제와 관련된 어떤 정보나 지식도 사용하지 않는 무정보 탐색(맹목적 탐색) 방법 중 하나다. 주어진 시작 정점으로부터 거리가 가까운 정점들을 먼저 방문하고, 멀리 떨어져 있는 정점들은 나중에 방문한다. 예를 들어, 처음에는 시작 정점과 거리가 1인 정점들을 모두 방문한 후, 그 다음에는 거리가 2인 정점들을, 또 그 다음에는 거리가 3인 정점들을 방문한다. 이러한 순으로 탐색 작업을 체계적으로 진행하여 목표를 달성할 때까지 탐색을 진행한다.

다음 그림과 같은 탐색 트리가 있을 때, 너비 우선 탐색을 진행해 보자.

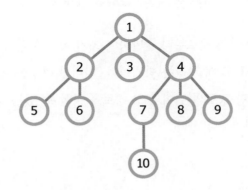

초기 상태인 정점에서 거리가 1인 정점을 모두 탐색한 뒤, 거리를 1씩 늘려가는 방식으로 탐색을 진행하도록 한다.

먼저 단계1 부터 단계4 까지 살펴보면 정점 ①에서 시작하여 정점 ①과의 거리가 1인 세 정점(②, ③, ④)을 순차적으로 탐색한다.

⬥ 너비 우선 탐색 단계1 ~ 단계4

계속해서 너비 우선 탐색의 결과를 살펴보면 다음과 같다.

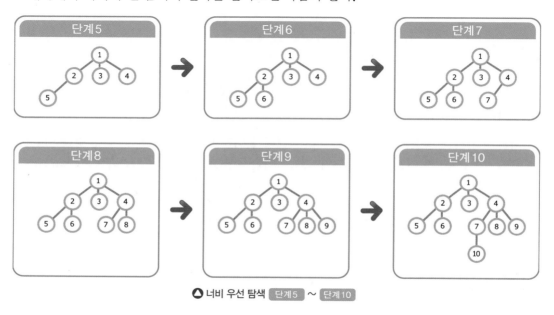

⬥ 너비 우선 탐색 단계5 ~ 단계10

즉 너비 우선 탐색은 초기 상태로부터 출발하여 초기 상태와 가까운 거리에 위치한 상태들을 순서대로 탐색하여 목표 상태를 찾는 방법이다. 이러한 특징을 이용하여 초기 상태로부터 목표 상태에 도달하는 최단 경로의 길이와 그 경로를 구할 수 있는 장점이 있으며, 주로 최단 경로의 길이를 구할 때 자주 활용한다.

2 큐로 너비 우선 탐색

큐(Queue)는 한 쪽(rear, tail)에서는 입력 작업이 이루어지고, 다른 한 쪽(front, head)에서는 출력 작업이 이루어지며, 가장 먼저 입력된 자료가 가장 먼저 출력되는 선입선출 FIFO(First

In First Out) 형식의 자료 구조다. 큐는 '차례를 기다리며 줄을 서는 것'에 비유할 수 있다. 먼저 들어간 사람이 먼저 나오는 구조다.

예를 들어 ①, ②, ③의 순으로 자료를 저장한 후 자료를 2개 출력하면, 먼저 저장했던 ①과 ②를 순서대로 출력하고 큐에는 ③만 남는다.

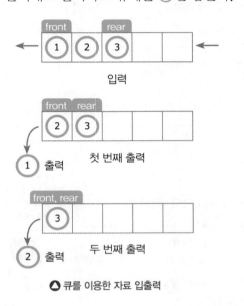

○ 큐를 이용한 자료 입출력

컴퓨터는 큐를 언제 사용할까?
쉬운 예로, 키보드로 한 글자 한 글자 입력한 순서대로 화면에 표시되는 것이나, 프린터를 통해 문서를 출력할 때 인쇄 버튼을 누른 순서대로 차례로 출력되는 것을 들 수 있다.

실제로 너비 우선 탐색을 구현할 때, 방문한 정점들을 차례대로 저장한 후 순서대로 꺼낼 수 있는 자료 구조인 큐를 활용해야 한다. 너비 우선 탐색은 가까운 정점들을 모두 저장해 놓고 순서대로 방문해야 하기 때문이다.

★ front
데이터가 출력되는 부분

★ rear
데이터가 입력되는 부분

큐를 활용하여 너비 우선 탐색을 하는 절차는 다음과 같다.

큐를 활용한 너비 우선 탐색 절차

준비 단계   초기 상태를 큐에 입력하고 현재 상태까지의 거리를 체크 배열에 0으로 체크한다.

단계1   큐에서 자료를 하나 출력하고, 그 값을 현재 상태로 한다.

단계2   현재 상태로부터 탐색 가능한 상태들 중 아직 체크 배열에 체크되지 않은 상태들을 큐에 순서대로 입력한다.

단계3   큐에 입력한 상태들의 거리를, 현재 상태까지의 거리에 1을 더하여 체크 배열에 체크한다.

단계4   큐에 아직 자료가 남았으면 단계1 을 진행하고, 비었으면 종료한다.

67쪽 하단의 〈큐를 활용한 너비 우선 탐색 절차〉를 참고하여 다음 주어진 트리를 큐를 활용하여 너비 우선 탐색으로 탐색해 보자. 시작 정점은 ①번이다.

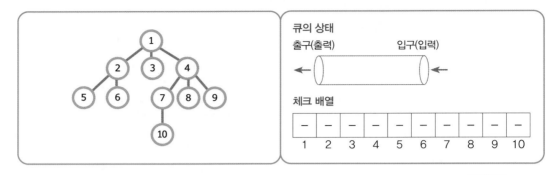

❶ 초기 상태인 ①을 큐에 입력하고, 체크 배열에 거리를 0으로 체크한다.

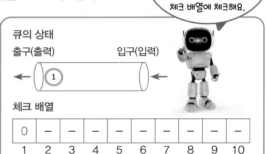

❷ 큐에서 자료를 하나 출력한다. 이때 출구에 있던 ①이 출력되므로 ①이 현재 상태가 된다. 그 후 단계2 에 따라서 상태 ①과 연결된 상태들인 ②, ③, ④를 차례로 큐에 입력한다. 입력한 후 현재 상태의 체크 값이 0이므로 여기에 현재 상태까지의 거리인 1을 더하여 체크 배열을 모두 1로 체크한다.

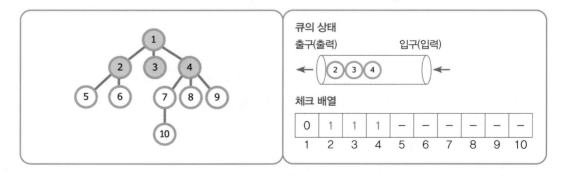

❸ 큐에서 자료를 출력하면 ②가 출력되고 ②가 현재 상태가 된다. 단계2 에 따라서 ②에 연결된 상태들인 ⑤와 ⑥을 큐에 입력하고, 현재 상태까지의 거리인 1에 1을 더하여 체크 배열에 2로 체크한다.

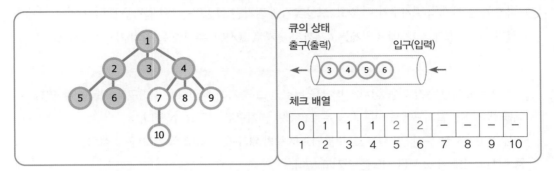

❹ 큐에서 자료를 출력하여 ③을 현재 상태로 한다. ③에서는 더 이상 추가할 자료가 없으므로 다시 큐에서 자료를 출력하여 ④를 현재 상태로 한다. 단계2 에 따라 ④에 연결된 상태들인 ⑦, ⑧, ⑨를 모두 큐에 입력하고, 현재 상태까지의 거리인 1에 1을 더하여 체크 배열에 2로 체크한다.

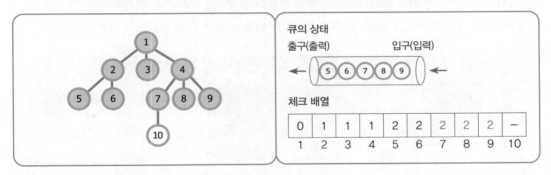

❺ 마지막으로 ⑩을 탐색하면 너비 우선 탐색은 종료된다. 탐색이 종료된 후 체크 배열의 상태는 다음과 같다.

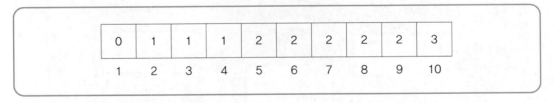

　　이 체크 배열에 기록된 값은 시작 상태에서 각 상태까지의 최단 경로의 길이다. 예를 들어 초기 상태에서 ⑨번 상태까지의 최단 경로의 길이는 2, 초기 상태에서 ⑩번 상태까지의 최단 경로의 길이는 3임을 구할 수 있다.

　　이와 같이 너비 우선 탐색은 최단 경로의 길이를 구하는 효율적인 방법이다.

문제 해결하기 활동

☑ 하늘에 총 11개의 열기구가 떠 있고, 보물찾기에 참가한 삼양이는 1번 열기구에 타고 있다. 11개의 열기구에는 적게는 1개에서 많게는 4개까지 숫자로 표시된 '순간 이동 장치'가 설치되어 있다.

숫자로 표시된 순간 이동 장치의 버튼을 누르면 그 숫자에 해당하는 열기구로 이동할 수 있다. 예를 들어 1번 열기구에서 버튼 ⑥을 누르면 6번 열기구로 이동할 수 있다.

삼양이는 시작 위치(1번 열기구), 보물의 위치(9번 열기구), 그리고 각 열기구에 설치된 순간 이동 장치의 번호가 표시된 지도를 가지고 있다.

처음 시작할 때 보물의 가치는 1,024이다. 하지만 순간 이동 장치의 버튼을 눌러서 다른 열기구로 이동할 때마다(탐색을 한 번 할 때마다) 보물의 가치는 절반씩 줄어든다. 예를 들어 1번 열기구에서 버튼 ⑥을 눌러서 6번 열기구로 이동하면 보물의 가치는 1,024에서 512로 줄어든다.

버튼을 가능한 한 적게 눌러서 최단 경로로 보물이 있는 9번 열기구에 도달할수록 삼양이가 얻을 수 있는 보물의 가치를 높일 수 있다. 삼양이가 얻을 수 있는 최대 보물의 가치를 구해 보자.

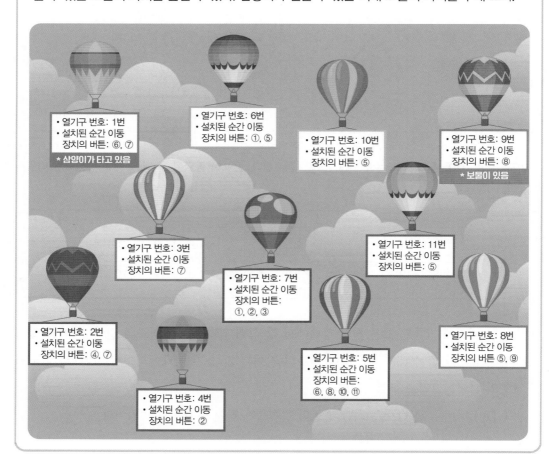

- 열기구 번호: 1번
- 설치된 순간 이동 장치의 버튼: ⑥, ⑦
★ 삼양이가 타고 있음

- 열기구 번호: 6번
- 설치된 순간 이동 장치의 버튼: ①, ⑤

- 열기구 번호: 10번
- 설치된 순간 이동 장치의 버튼: ⑤

- 열기구 번호: 9번
- 설치된 순간 이동 장치의 버튼: ⑧
★ 보물이 있음

- 열기구 번호: 3번
- 설치된 순간 이동 장치의 버튼: ⑦

- 열기구 번호: 7번
- 설치된 순간 이동 장치의 버튼: ①, ②, ③

- 열기구 번호: 11번
- 설치된 순간 이동 장치의 버튼: ⑤

- 열기구 번호: 2번
- 설치된 순간 이동 장치의 버튼: ④, ⑦

- 열기구 번호: 5번
- 설치된 순간 이동 장치의 버튼: ⑥, ⑧, ⑩, ⑪

- 열기구 번호: 8번
- 설치된 순간 이동 장치의 버튼: ⑤, ⑨

- 열기구 번호: 4번
- 설치된 순간 이동 장치의 버튼: ②

 **해설**   [문제 해결하기]

✅ 삼양이가 순간 이동 장치를 효율적으로 잘 활용하여 최대 보물의 가치를 구하는 과정을 살펴보면 다음과 같은 단계로 진행한다.

단계1 문제 분석을 통한 핵심 요소 추출하기

이 문제의 핵심 요소는 다음과 같다.

- 1번부터 11번까지 번호가 부여된 총 11개의 열기구가 있다.
- 삼양이는 1번 열기구에 있고, 보물은 9번 열기구에 있다.
- 문제의 목표는 삼양이가 가능한 한 버튼을 적게 누른 후 9번 열기구에 도달하는 것이다.
- 순간 이동 장치의 버튼을 누를 때마다 보물의 가치는 절반으로 줄어든다.
- 현재 열기구에서 다른 열기구로 이동하기 위해서는 이동하려는 열기구의 번호가 적혀 있는 순간 이동 장치의 버튼을 누르면 된다.

단계2 추상화를 통한 상태 정의하기

핵심 요소들 중 열기구의 번호, 열기구에 설치되어 있는 순간 이동 장치의 버튼, 삼양이의 위치, 보물의 위치를 다음과 같이 추상화할 수 있다.

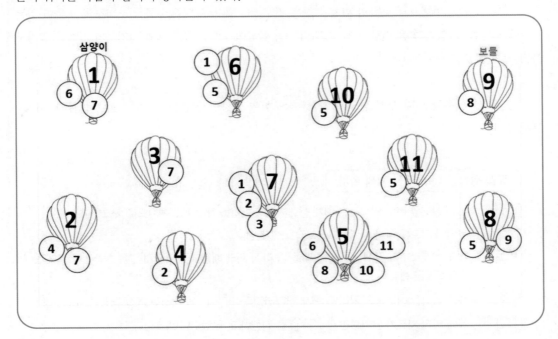

초기 상태와 목표 상태 설정하기

초기 상태는 삼양이가 처음 위치하고 있는 1번 열기구이고, 목표 상태는 보물이 있는 9번 열기구이다.

△ 초기 상태   △ 목표 상태

탐색을 통한 문제 해결하기

수행 작업은 현재 상태에 있는 열기구에 설치된 순간 이동 장치의 버튼 중 하나를 누르면 되므로 따로 설정하지 않아도 된다. 탐색 전략은 여러 개의 버튼이 있을 경우, 최단 경로로 갈 수 있는 버튼을 선택하는 것이다. 물론 무작위로 버튼을 계속 누르다 보면 결국에는 보물이 있는 열기구에 도달할 것이다. 하지만 이런 방법으로는 보물의 가치를 지킬 수 없을 확률이 높다.

주어진 지도를 분석하여 최단 경로로 보물이 있는 위치에 도달해야 한다. 최단 경로 탐색에 활용되는 너비 우선 탐색 방법으로 보물의 위치를 찾는 것은 버튼을 누르는 횟수를 최소화하여 보물이 있는 위치에 도달할 수 있는 좋은 전략이 될 수 있다. 즉, 삼양이가 타고 있는 1번 열기구와 가까운 열기구부터 탐색을 진행하는 것이다.

다음 〈큐를 활용한 너비 우선 탐색 절차〉를 참조하여 삼양이가 얻을 수 있는 최대 보물의 가치를 구해 보자.

[큐를 활용한 너비 우선 탐색 절차]

준비 단계 초기 상태를 큐에 입력하고 현재 상태까지의 거리를 체크 배열에 0으로 체크한다.

단계1 큐에서 자료를 하나 출력하고, 그 값을 현재 상태로 한다.

단계2 현재 상태로부터 탐색 가능한 상태들 중 아직 체크 배열에 체크되지 않은 상태들을 큐에 순서대로 입력한다.

단계3 큐에 입력한 상태들의 거리를, 현재 상태까지의 거리에 1을 더하여 체크 배열에 체크한다.

단계4 큐에 아직 자료가 남았으면 **단계2** 를 진행하고, 비었으면 종료한다.

---

❶ 삼양이가 1번 열기구에 위치한 상태가 초기 상태이므로, 초기 상태인 ①을 큐에 입력하고, 버튼을 누른 횟수를 체크 배열에 0으로 체크한다.

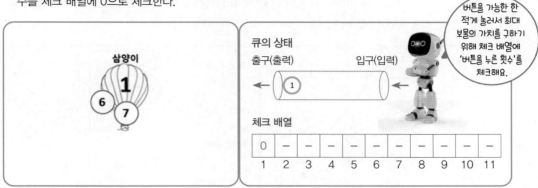

버튼을 가능한 한 적게 눌러서 최대 보물의 가치를 구하기 위해 체크 배열에 '버튼을 누른 횟수'를 체크해요.

❷ 단계3 에 따라서 큐에서 자료를 하나 출력한다. 출력된 자료는 ①이므로 현재 상태는 ①이다. 현재 상태 ①과 연결된 다음 상태들인 ⑥과 ⑦을 차례로 큐에 입력한다. 버튼을 누른 횟수는 현재 상태의 0회에 1을 더하여 체크 배열에 1로 체크한다.

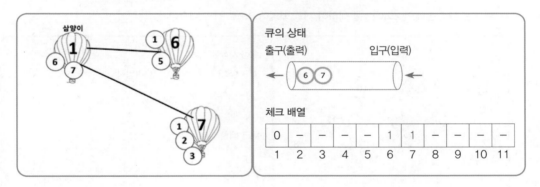

❸ 다음으로 큐에서 자료를 하나 출력하면 ⑥이 현재 상태가 된다. 현재 상태 ⑥과 연결된 상태들인 ①과 ⑤ 중에서 ①은 이미 체크되어 있으므로 ⑤만 큐에 입력한다. 버튼을 누른 횟수는 현재 상태의 1회에 1을 더하여 체크 배열에 2로 체크한다.

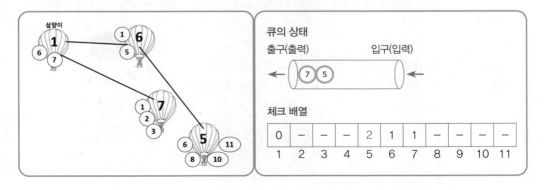

❹ 계속해서 큐에서 자료를 출력하면 현재 상태가 ⑦이 되고 ⑦에서 연결된 다음 상태들인 ①, ②, ③ 중
에서 ①은 이미 체크되어 있으므로 ②와 ③만 큐에 입력한다. 버튼을 누른 횟수는 현재 상태의 1회에 1
을 더하여 체크 배열에 2로 체크한다.

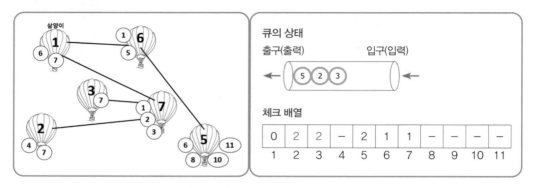

❺ 아직 목표 상태를 탐색하지 않았으므로 큐에서 출력한 자료인 ⑤가 현재 상태가 된다. ⑤와 연결된 다음
상태들 중에서 아직 체크되지 않은 상태는 ⑧, ⑩, ⑪이므로 ⑧, ⑩, ⑪을 큐에 입력한다. 버튼을 누른
횟수는 현재 상태의 2회에 1을 더하여 체크 배열에 3으로 각각 체크한다.

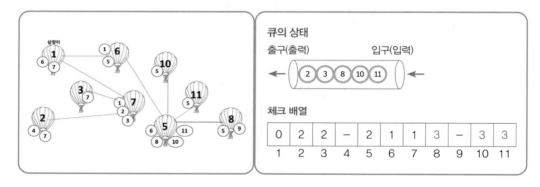

아직 목표 상태를 탐색하지 않았으므로 큐에서 출력한 자료인 ②가 현재 상태가 된
다. ②와 연결된 다음 상태들 중에서 아직 체크되지 않은 상태는 ④이므로 ④만 큐
에 입력한다. 버튼을 누른 횟수는 현재 상태의 2회에 1을 더하여 체크 배열에 3으로
체크한다.

> 상태 ⑦은
> 상태 ①과
> 연결되어 있어서
> 3번째로 이미
> 탐색했어요.

계속해서 큐에서 자료를 출력하면 ③이 출력된다. 하지만 ③에서는
새로 추가할 다음 상태가 없으므로, 다시 큐에서 자료를 출력하면
⑧이 현재 상태가 된다.

❻ ⑧과 연결된 다음 상태들인 ⑤와 ⑨ 중에서 ⑤는 이미 체크되어 있으므로 ⑨만 큐에 입력한다. 버튼을 누른 횟수는 현재 상태의 3회에 1을 더하여 체크 배열에 4로 체크한다.

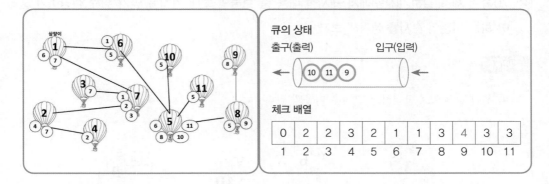

이제 모든 상태가 체크되었으므로 더 이상 갱신되지 않고 탐색은 종료된다.

❼ 이제 중요한 목표 상태인 ⑨에 체크된 값을 조사해 보자. ⑨에는 4로 체크되어 있으므로 상태 ⑨까지 가는 데 버튼을 누르는 최소 횟수는 4임을 알 수 있다. 이와 같이 너비 우선 탐색을 이용하면 목표 상태까지의 최단 경로의 길이를 쉽게 구할 수 있다.

목표 상태 즉, 보물이 있는 위치까지 버튼을 최소 4번 누르면 보물을 획득할 수 있으므로 보물의 가치는 다음과 같다.

버튼을 누른 횟수	0	1	2	3	4
보물의 가치	1,024	512	256	128	64

따라서 삼양이가 얻을 수 있는 보물의 최대 가치는 64이다.

더 나아가기

✓ 70쪽 문제 해결하기(활동)에서 제시한 내용 중 보물의 최대 가치를 얻기 위해 삼양이가 눌러야 하는 버튼의 순서를 생각해 보자.

예시 답

너비 우선 탐색으로 탐색하는 과정은 다음과 같다.

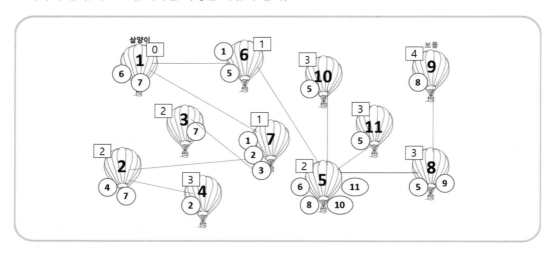

이때 탐색 과정을 트리로 표현하면 다음과 같다.

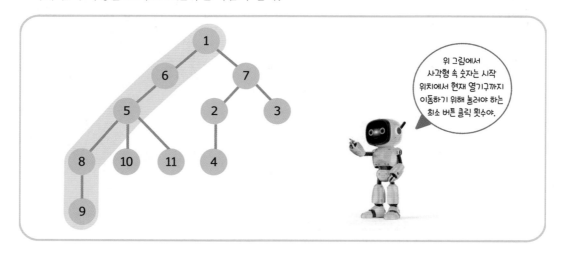

위 그림에서 사각형 속 숫자는 시작 위치에서 현재 열기구까지 이동하기 위해 눌러야 하는 최소 버튼 클릭 횟수야.

　삼양이가 보물의 위치인 9번 열기구에 오기 위해서는 8번 열기구를 거쳐야 한다. 또한 8번 열기구에 오기 위해서는 5번 열기구를 거쳐야 한다. 따라서 거꾸로 9번 열기구에서 1번 열기구로 가는 경로를 생각하면 9 → 8 → 5 → 6 → 1이다. 따라서 삼양이가 눌러야 하는 버튼은 6번 → 5번 → 8번 → 9번이다.

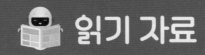
배달 경로 정하는 게 수학의 난제라고요?

배달 음식을 좋아하는가? 코로나 19의 영향으로 배달 플랫폼은 급성장을 이루었고, 배달업은 우리 생활 속에 깊이 녹아든 산업이 되었다. 배달 플랫폼이 잘 기능하기 위해서는 반드시 해결해야 하는 문제가 있는데, 그것은 바로 배달원의 배차 문제다.

우리가 음식을 시킬 때는 음식 하나를 시키지만, 배달원은 한번에 여러 집을 방문하며 음식을 배달해야 한다. 특히 배달 콜이 쌓이는 저녁 시간대에는 효율적인 동선을 사용하지 않으면 배달 시간이 늘어지는 불상사가 발생하게 된다. 이를 해결하기 위해서 배달 플랫폼은 인공지능 알고리즘을 활용하여 배달원들의 동선을 최적화하고 있다.

그런데 배달원의 동선을 최적화하는 문제가 사실은 수학의 난제 중 하나라는 것을 알고 있는가? 외판원 문제(Traveling salesman problem)는 알고리즘 분야의 문제로서, 밀레니엄 7대 난제 중 하나인 P:NP 문제(P versus NP problem)와도 연결되어 있을 정도로 매우 중요하다.

★ 외판원 문제는 대체 뭘까?

배달원 한 명이 아래 그림에 있는 5개의 집을 방문해야 한다면, 당연히 두 집 사이를 오가는 데 걸리는 시간은 모두 다를 수 있다. 그러니 각 집을 방문하는 순서에 따라 총 시간이 달라진다. 그렇다면 몇 가지 경우를 고려해야 최적의 경우를 알아낼 수 있을까?

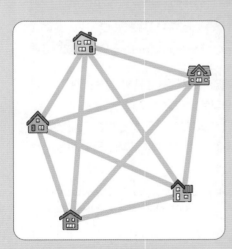

△ 배달원이 방문할 5개의 집

먼저 5개 중에 하나를 출발지로 골라야 한다. 그리고 나머지 집 중에서 한 집을 가야 하니, 두 집을 가는 데 $5 \times 4 = 20$가지의 경우의 수가 생긴다. 따라서 이런 식으로 반복하면 총 $5 \times 4 \times 3 \times 2 \times 1 = 120$가지의 서로 다른 경로가 생긴다. 이 중에서 가장 빠른 경로를 찾으면 그것이 최적의 경로가 된다.

집이 만약 N개 주어졌을 때, 집을 모두 방문하는 모든 경로 중에서 최적의 경로를 찾는 것이 외판원 문제다. 이 경우 모든 경로를 세어보면 N!개이다. N이 20만 초과하더라도, 컴퓨터로 모든 경로를 분석하는 것이 불가능해진다. 집의 개수가 20인 경우, 가능한 경로의 총 가짓수는 2,432,902,008,176,640,000개로 일반적인 컴퓨터로는 계산이 불가능하다.

<출처> 과학기술정보통신부 블로그(2022. 2. 25.), https://blog.naver.com/with_msip/222657711187

03 인공지능은 추론을 통해 어떻게 문제를 해결할까?

핵심 개념 지식의 표현 방법과 추론

학습 목표 추론을 통해 새로운 사실을 만들 수 있다.

아키네이터는 이용자가 실존 인물이나 게임, 만화, 영화 등에 출연한 캐릭터를 떠올리면, 화면에 등장한 인공지능 지니가 여러 번의 질문을 통해 누구인지 맞추는 스무고개 게임이다.

이 게임의 원리는 인공지능 프로그램이 질문에 맞는 이용자들의 답변을 수집한 후 데이터베이스에 기반해 공통점을 찾아 인물을 찾아내는 것이다.

인공지능 지니의 첫 질문은 보통 "사람입니까?", "남자/여자입니까?" 등이며, 이용자는 "예", "아니요", "모르겠습니다", "그럴 겁니다", "아닐 겁니다" 등 5가지 형태로 답변할 수 있다.

게임 이용자들은 "배우 정우성을 생각했는데 14번 질문 만에 맞혔다.", "자주 보는 방송 BJ를 생각했는데도 맞혔다.", "가끔 이상한 질문도 있는데 결국 틀린 적이 없다. 참 신기하다."라는 등의 반응을 보이고 있다.

〈출처〉 뉴스인사이드(2021. 1. 4.), http://www.newsinside.kr/news/articleView.html?idxno=1099682

〈사진 출처〉 https://kr.akinator.com/

> ✅ 인공지능으로 주어진 사실을 통해 새로운 사실을 만들기 위해서는 어떤 절차가 필요할까?

1 지식 표현

아키네이터와 같은 인공지능 스무고개 게임은 실존 인물 및 캐릭터와 관련된 데이터베이스를 기반으로 여러 단계의 추론을 통해 정답의 범주를 좁혀 나가는 방식으로 정답을 맞힌다. 추론이란 어떠한 사실을 근거로 삼아 다른 사실을 이끌어 내는 과정을 의미하며, 자동화된 추론은 완전히 자동으로 추론할 수 있게 하는 컴퓨터 프로그램, 즉 인공지능의 개발을 돕는다.

인공지능이 추론하기 위해서는 먼저 인간의 지식*을 컴퓨터가 사용할 수 있게 규칙적이고 체계적인 방법을 이용하여 가공하고 표현해야 하는데, 이를 지식 표현이라고 한다. 인공지능은 다양한 방식으로 표현된 지식에서 정보를 추출한다. 지식이 어떻게 표현되어 있느냐에 따라 추론 방식도 달라지므로 지식의 표현과 추론은 상호 의존성을 갖는다.

★ 지식
개념화된 정보로 사실, 믿음, 문제를 해결하는 방법, 절차, 개념, 관계 등을 말한다.

지식을 표현하는 방법에는 규칙, 논리, 의미망(semantic network), 프레임(frame) 등이 있는데, 이를 이용하여 우리가 원하는 새로운 사실이나 결론을 도출해 내는 모든 과정이 추론이다.

예 **규칙을 이용한 지식 표현의 예**

규칙은 널리 알려진 지식 표현 방법으로 IF～THEN 문의 형태로 지식을 구조화한다. 이것은 조건과 행동을 짝지어 IF의 조건이 참이면 THEN의 결론 부분이 수행되도록 하는 형태이다.

규칙1	IF 비가 온다. THEN 우산을 챙긴다.
규칙2	IF 비가 오지 않는다. THEN 우산을 챙기지 않는다.

'IF' 부분은 주어진 정보나 사실에 대응될 조건이며, 'THEN' 부분은 조건부가 만족될 때의 판단이나 행동을 뜻한다. 조건부는 둘 이상의 조건을 'AND'나 'OR'로 결합하여 구성할 수 있으며, 결론부 역시 여러 개의 판단이나 행동을 포함할 수 있다.
상황/행동, 증거/가설, 원인/결과, 전제/결론 등을 다음과 같이 IF～THEN 문장으로 나타낼 수 있다.

지식	IF~THEN 문장으로 표기
휴대폰이 켜지지 않으면 케이블과 충전기가 작동하는지 확인한다.	IF 휴대폰이 켜지지 않는다. (상황) THEN 케이블과 충전기가 작동하는지 확인한다. (행동)
주로 낮에 활동하는 반려동물이면 강아지이다.	IF 주로 낮에 활동하는 반려동물이다. (증거) THEN 강아지이다. (가설)
편식을 했으면 영양 불균형이 생긴다.	IF 편식을 했다. (원인) THEN 영양 불균형이 생긴다. (결과)
지금까지 매일 운동을 했으면 내일도 운동을 한다.	IF 지금까지 매일 운동을 했다. (전제) THEN 내일도 운동을 한다. (결론)

2 전문가 시스템

지식 표현을 바탕으로 구축된 시스템을 '지식 기반 시스템'이라고 하며, 이러한 지식 기반 시스템은 주로 전문가들에 의해 구축되었기 때문에 전문가 시스템(Expert System)이라고 한다.

다양한 분야에서 전문가와 일반인의 차이는 훈련과 경험을 통해 얻은 지식에서 나온다. 이런 전문가들의 지식을 바탕으로 인공지능을 구현하고자 전문가 시스템이 구축되었다. 하지만 1950년대에는 대량의 정보와 지식을 다룰 수 없었기 때문에 주로 추론과 논리 방식으로 연구되기 시작했다.

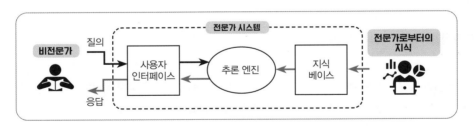

1980년대에 접어들면서 컴퓨터를 활용하여 대량의 지식과 정보를 디지털 형태로 처리할 수 있게 되면서 전문가 시스템은 날개를 달게 되었다. 이로 인해 다양한 분야에서 활약하던 인간의 전문 지식이 디지털 형태로 구축되고 다양한 분야에서 활용되면서 인공지능의 전성기가 시작되었다.

그러나 현재는 컴퓨터의 처리 능력, 저장 용량, 네트워크가 급격하게 발전하면서 인터넷을 통해 정보를 쉽게 구할 수 있어 현재는 연구가 더 진행되고 있지는 않고 있다. 하지만 개인 신용 평가에 활용되는 규칙 기반의 전문가 시스템 등은 여전히 존재하며 사용되고 있다.

3 추론

추론이란 이미 알고 있는 지식으로부터 새로운 사실을 유추하는 것을 말한다. 예를 들어 '삼양이의 반려동물은 강아지이거나 고양이이다.'라는 지식이 있는 상태에서 삼양이의 반려동물이 고양이가 아님을 알았을 때, 두 사실을 이용하여 삼양이의 반려동물은 강아지임을 추론해 낼 수 있다.

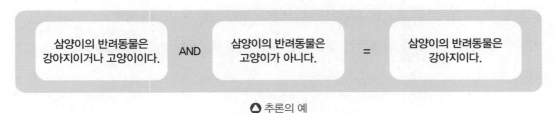

△ 추론의 예

이처럼 추론은 어떤 판단을 근거로 삼아 다른 판단을 이끌어 내는 것으로, 추론하는 방법에는 귀납 추론과 연역 추론이 있다.

(1) 귀납 추론

귀납 추론은 개별적인 특수한 사실 또는 현상에서 그러한 사례들이 포함되는 일반적인 결론을 이끌어 내는 추리 방법이다.

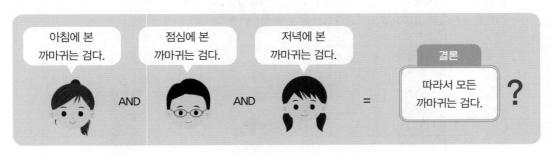

△ 귀납 추론의 예

귀납 추론은 개개의 구체적인 사실이나 관찰에서 얻어진 지식을 전체에 대한 일반적인 지식으로 이끌어 가는 절차이며, 인간의 다양한 경험, 실천, 실험 등의 결과를 일반화하는 사고 방식이다.

(2) 연역 추론

연역 추론은 이미 알고 있는 판단을 근거로 새로운 판단을 유도하는 추론이다. 여기서 이미 알고 있는 판단은 전제, 새로운 판단은 결론이다.

| 모든 포유류는 척추동물이다. | AND | 삼양이의 반려동물 강아지는 포유류이다. | = | 삼양이의 반려동물 강아지는 척추동물이다. |

⬥ 연역 추론의 예

연역 추론은 지식이 될 수 있는 가능성을 따지는 귀납 추론과는 달리, 명제*들 간의 관계와 논리적 타당성을 따진다. 즉, 연역 추론은 전제들로부터 절대적인 필연성을 가진 결론을 이끌어 낼 수 있다.

★ 명제
논리적으로 참, 거짓이 명확한 문장을 말한다.

예제 **추론을 통해 네모네모로직 문제 해결하기**

네모네모로직은 격자판 위쪽과 왼쪽에 있는 숫자를 이용하여 네모칸을 색칠하거나 빈칸으로 남겨 놓으면서 숨겨진 그림을 완성하는 논리 퍼즐이다.

게임 규칙

❶ 격자판 왼쪽과 위쪽에 쓰인 숫자만큼 연속된 칸을 색칠해야 한다. 아래 그림처럼 두 번째 세로 열 위쪽에 숫자 5가 적혀 있다면 해당 세로 열 어딘가를 5칸 연속으로 색칠해야 한다는 뜻이다. 세로 열이 총 5칸으로 이루어져 있으므로 5칸을 모두 칠하면 된다.

❷ 격자판 왼쪽과 위쪽에 숫자가 여러 개일 때는 각 숫자만큼 연속된 칸을 칠하되, 숫자 사이에 적어도 하나 이상의 빈칸이 있어야 한다. 즉, 숫자가 여러 개일 때는 최소 한 칸 이상 떨어져서 각 숫자의 수만큼 칠해야 한다는 뜻이다.

두 번째 가로 행에 3과 1이라는 숫자가 적혀 있다. 이것은 왼쪽부터 연속해서 3칸, 그리고 1칸을 추가로 칠해야 한다는 뜻이다. 다음 오른쪽 그림처럼 칠해야 3과 1 사이에 적어도 한 칸 이상의 빈칸이 있어야 한다는 조건을 만족할 수 있다.

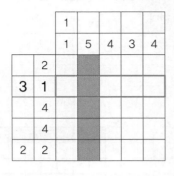

			1			
		1	5	4	3	4
	2		■			
3	1		■			
	4		■			
	4		■			
2	2		■			

➡

			1			
		1	5	4	3	4
	2		■			
3	1	▨	■	▨		▨
	4		■			
	4		■			
2	2		■			

❸ 색을 칠하지 말아야 할 빈칸은 X로 표시한다. ❷에서 숫자 3과 1 사이에는 반드시 빈칸이 있어야 한다. 이러한 빈칸을 X로 표시해 두면 이것을 지식으로 삼아 더 쉽게 추론할 수 있다.

			1			
		1	5	4	3	4
	2		■			
3	1	■	■	■	X	■
	4		■			
	4		■			
2	2		■			

게임 규칙을 익혔다면 다음 네모네모로직의 빈칸을 색칠해 가면서 숨겨진 그림을 완성해 보자.

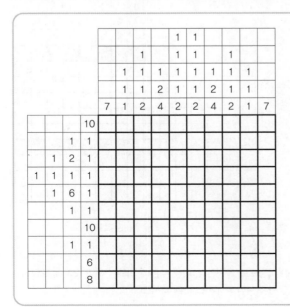

								1	1				
					1			1	1		1		
					1	1	1	1	1	1	1	1	
					1	1	2	1	1	2	1	1	
				7	1	2	4	2	2	4	2	1	7
			10										
		1	1										
	1	2	1										
1	1	1	1										
	1	6	1										
		1	1										
			10										
		1	1										
			6										
			8										

① 가로 행은 대문자 A~J로, 세로 열은 소문자 a~j로 표시한다.

					a	b	c	d	e	f	g	h	i	j
									1	1				
							1		1	1	1		1	
						1	1	1	1	1	1	1	1	
						1	1	2	1	1	2	1	1	
					7	1	2	4	2	2	4	2	1	7
A				10										
B			1	1										
C		1	2	1										
D	1	1	1	1										
E		1	6	1										
F			1	1										
G				10										
H			1	1										
I				6										
J				8										

② A행과 G행이 10이므로 그 행을 모두 색을 칠한다.

					a	b	c	d	e	f	g	h	i	j
									1	1				
							1		1	1	1		1	
						1	1	1	1	1	1	1	1	
						1	1	2	1	1	2	1	1	
					7	1	2	4	2	2	4	2	1	7
A				10	■	■	■	■	■	■	■	■	■	■
B			1	1										
C		1	2	1										
D	1	1	1	1										
E		1	6	1										
F			1	1										
G				10	■	■	■	■	■	■	■	■	■	■
H			1	1										
I				6										
J				8										

③ A행이 모두 칠해져 있으므로 a~j열의 가장 위에 있는 값 7만큼 연속해서 색을 칠한다.

					a	b	c	d	e	f	g	h	i	j
									1	1				
							1		1	1	1		1	
						1	1	1	1	1	1	1	1	
						1	1	2	1	1	2	1	1	
					7	1	2	4	2	2	4	2	1	7
A				10	■	■	■	■	■	■	■	■	■	■
B			1	1	■									■
C		1	2	1	■									■
D	1	1	1	1	■									■
E		1	6	1	■									■
F			1	1	■									■
G				10	■	■	■	■	■	■	■	■	■	■
H			1	1										
I				6										
J				8										

④ a~j열에서 색을 칠할 수 없는 칸에 ×를 표시한다.

					a	b	c	d	e	f	g	h	i	j
									1	1				
							1		1	1	1		1	
						1	1	1	1	1	1	1	1	
						1	1	2	1	1	2	1	1	
					7	1	2	4	2	2	4	2	1	7
A				10	■	■	■	■	■	■	■	■	■	■
B			1	1	■	×	×	×	×	×	×	×	×	■
C		1	2	1	■									■
D	1	1	1	1	■									■
E		1	6	1	■									■
F			1	1	■									■
G				10	■	■	■	■	■	■	■	■	■	■
H			1	1	×									×
I				6	×									×
J				8	×									×

★ 이미 추론에 사용되었거나 추론이 필요 없는 숫자는 연한 파랑으로 표시한다. 다른 추론에 의해서 해당 숫자에 해당하는 칸에 색이 칠해질 수 있다. 빨강은 현재 추론에 사용되는 숫자와 색이 칠해지는 칸을 표시한다.

❺ C~F행에서 색을 칠할 수 없는 칸에 ×를 표시한다.

		a	b	c	d	e	f	g	h	i	j
						1	1				
				1		1	1		1		
			1	1	1	1	1	1	1	1	
			1	1	2	1	1	2	1	1	
		7	1	2	4	2	2	4	2	1	7
A	10	■	■	■	■	■	■	■	■	■	■
B	1 1	■	■	x	x	x	x	x	x	x	■
C	1 2 1	■		×						×	■
D	1 1 1 1	■		×						×	■
E	1 6 1	■		×						×	■
F	1 1	■		×						×	■
G	10	■	■	■	■	■	■	■	■	■	■
H	1 1	x									x
I	6	x									x
J	8	x									x

❻ J행의 값에 8이 있고, 색을 칠할 수 있는 칸이 8개 있으므로, 8만큼 연속해서 색을 칠한다.

		a	b	c	d	e	f	g	h	i	j
						1	1				
				1		1	1		1		
			1	1	1	1	1	1	1	1	
			1	1	2	1	1	2	1	1	
		7	1	2	4	2	2	4	2	1	7
A	10	■	■	■	■	■	■	■	■	■	■
B	1 1	■	■	x	x	x	x	x	x	x	■
C	1 2 1	■		×							■
D	1 1 1 1	■		×							■
E	1 6 1	■		×							■
F	1 1	■		×							■
G	10	■	■	■	■	■	■	■	■	■	■
H	1 1	x									x
I	6	x									x
J	8	x	■	■	■	■	■	■	■	■	x

❼ J행에 색이 칠해진 부분을 이용하여 b~i열의 가장 아래에 있는 숫자 값만큼 연속해서 색칠하고, 색을 칠할 수 없는 칸에 ×를 표시한다.

		a	b	c	d	e	f	g	h	i	j
						1	1				
				1		1	1		1		
			1	1	1	1	1	1	1	1	
			1	1	2	1	1	2	1	1	
		7	1	2	4	2	2	4	2	1	7
A	10	■	■	■	■	■	■	■	■	■	■
B	1 1	■	■	x	x	x	x	x	x	x	■
C	1 2 1	■		×							■
D	1 1 1 1	■		×							■
E	1 6 1	■		×							■
F	1 1	■		×			×				■
G	10	■	■	■	■	■	■	■	■	■	■
H	1 1	x		×	■	x	x	■		×	x
I	6	x	×	■	■	■	■	■	■	×	x
J	8	x	■	■	■	■	■	■	■	■	x

❽ F, H행에서 색을 칠할 수 없는 칸에 ×를 표시한다.

		a	b	c	d	e	f	g	h	i	j
						1	1				
				1		1	1		1		
			1	1	1	1	1	1	1	1	
			1	1	2	1	1	2	1	1	
		7	1	2	4	2	2	4	2	1	7
A	10	■	■	■	■	■	■	■	■	■	■
B	1 1	■	■	x	x	x	x	x	x	x	■
C	1 2 1	■		×							■
D	1 1 1 1	■		×							■
E	1 6 1	■		×							■
F	1 1	■		×	x	x	x	x	×	x	■
G	10	■	■	■	■	■	■	■	■	■	■
H	1 1	x		×	■			■	×	×	x
I	6	x	×	■	■	■	■	■	■	×	x
J	8	x	■	■	■	■	■	■	■	■	x

⑨ E행에 남아 있는 숫자가 6이고, 연속해서 색을 칠할 수 있는 칸이 6개 있으므로, 6만큼 색을 칠한다.

					a	b	c	d	e	f	g	h	i	j
									1	1				
							1		1	1		1		
						1	1	1	1	1	1	1	1	
						1	1	2	1	1	2	1	1	
					7	1	2	4	2	2	4	2	1	7
A				10	■	■	■	■	■	■	■	■	■	■
B			1	1	■	×	×	×	×	×	×	×	×	■
C		1	2	1	■	×							×	■
D	1	1	1	1	■	×							×	■
E		1	6	1	■	×	■	■	■	■	■	■	×	■
F			1	1	■	×	×	×	×	×	×	×	×	■
G				10	■	■	■	■	■	■	■	■	■	■
H			1	1	×	×	×	■			■	×	×	×
I				6	×	×	■	■	■	■	■	■	×	×
J				8	×	■	■	■	■	■	■	■	■	×

⑩ E행에 색이 칠해진 부분을 이용하여 b~i열에 색을 칠하고, 색을 칠할 수 없는 칸에 ×를 표시한다.

					a	b	c	d	e	f	g	h	i	j
									1	1				
							1		1	1		1		
						1	1	1	1	1	1	1	1	
						1	1	2	1	1	2	1	1	
					7	1	2	4	2	2	4	2	1	7
A				10	■	■	■	■	■	■	■	■	■	■
B			1	1	■	×	×	×	×	×	×	×	×	■
C		1	2	1	■	×	×	×			×	×	×	■
D	1	1	1	1	■	×	×	■	×	×	■	×	×	■
E		1	6	1	■	×	■	■	■	■	■	■	×	■
F			1	1	■	×	×	×	×	×	×	×	×	■
G				10	■	■	■	■	■	■	■	■	■	■
H			1	1	×	×	×	■	×	×	■	×	×	×
I				6	×	×	■	■	■	■	■	■	×	×
J				8	×	■	■	■	■	■	■	■	■	×

⑪ C행에 남아 있는 숫자가 2이고, 2개 연속하여 색을 칠할 수 있는 부분이 한 곳이기 때문에 해당 부분에 2만큼 색을 칠한다. 색을 칠할 수 없는 칸에 ×를 표시한다.

					a	b	c	d	e	f	g	h	i	j
									1	1				
							1		1	1		1		
						1	1	1	1	1	1	1	1	
						1	1	2	1	1	2	1	1	
					7	1	2	4	2	2	4	2	1	7
A				10	■	■	■	■	■	■	■	■	■	■
B			1	1	■	×	×	×	×	×	×	×	×	■
C		1	2	1	■	×	×	×	■	■	×	×	×	■
D	1	1	1	1	■	×	×	■	×	×	■	×	×	■
E		1	6	1	■	×	■	■	■	■	■	■	×	■
F			1	1	■	×	×	×	×	×	×	×	×	■
G				10	■	■	■	■	■	■	■	■	■	■
H			1	1	×	×	×	■	×	×	■	×	×	×
I				6	×	×	■	■	■	■	■	■	×	×
J				8	×	■	■	■	■	■	■	■	■	×

⑫ 네모네모로직의 추론 결과는 다음과 같다.

								1	1				
						1		1	1		1		
				1	1	1	1	1	1	1	1	1	
				1	1	2	1	1	2	1	1		
				7	1	2	4	2	2	4	2	1	7
			10	■	■	■	■	■	■	■	■	■	■
		1	1	■									■
	1	2	1	■				■	■				■
1	1	1	1	■			■			■			■
	1	6	1	■		■	■	■	■	■	■		■
		1	1	■									■
			10	■	■	■	■	■	■	■	■	■	■
		1	1				■			■			
			6			■	■	■	■	■	■		
			8		■	■	■	■	■	■	■	■	

문제 해결하기

☑ 지식을 이용하여 추론하고, 이를 통해 새로운 지식을 만들어 아인슈타인 퍼즐*을 해결해 보자.

[문제 상황] 아래와 같은 15개의 정보가 주어졌을 때, 물을 마시는 사람과 얼룩말을 키우는 사람은 각각 어느 나라 사람일까?

조건

집의 색, 국적, 마시는 음료, 먹는 음식, 키우는 동물은 모두 각각 다르다.

1. 모두 다섯 채의 집이 있다.
2. 호주 사람은 빨간색 집에 산다.
3. 이탈리아 사람은 개를 기른다.
4. 초록색 집에 사는 사람은 커피를 마신다.
5. 우크라이나 사람은 차를 마신다.
6. 초록색 집은 아이보리색 집의 바로 왼쪽이다.
7. 버섯을 먹는 사람은 달팽이를 키운다.
8. 노란색 집에 사는 사람은 사과를 먹는다.
9. 한가운데 집에 사는 사람은 우유를 마신다.
10. 노르웨이 사람은 왼쪽에서 첫 번째 집에 산다.
11. 양파를 먹는 사람은 여우를 키우는 사람 옆집에 산다.
12. 사과를 먹는 사람은 말을 기르는 사람 옆집에 산다.
13. 케이크를 먹는 사람은 오렌지주스를 마신다.
14. 일본 사람은 바나나를 먹는다.
15. 노르웨이 사람은 파란색 집 옆집에 산다.

★ **아인슈타인의 퍼즐(또는 얼룩말 퍼즐) 게임**
아인슈타인이 어린 시절에 만들었다고 하여 붙여진 이름으로, 논리적인 생각을 하면서 퍼즐을 풀어 보게 하려고 만든 퍼즐 게임이다.

✓ 아인슈타인 퍼즐을 해결하기 위해서는 먼저 문제 상황을 바탕으로 사실을 표로 정리한 후, 문제 해결을 위해 단계별로 진행한다.

1 87쪽에서 주어진 문제 상황에서 사실을 정리하면 다음과 같다.

1. 집의 색, 국적, 마시는 음료, 먹는 음식, 키우는 동물은 모두 각각 다르다.
2. 모두 다섯 채의 집이 있다.
3. 호주 사람은 빨간색 집에 산다.
4. 이탈리아 사람은 개를 기른다.
5. 초록색 집에 사는 사람은 커피를 마신다.
6. 우크라이나 사람은 차를 마신다.
7. 초록색 집은 아이보리색 집의 바로 왼쪽이다.
8. 버섯을 먹는 사람은 달팽이를 키운다.
9. 노란색 집에 사는 사람은 사과를 먹는다.
10. 한가운데 집에 사는 사람은 우유를 마신다.
11. 노르웨이 사람은 왼쪽에서 첫 번째 집에 산다.
12. 양파를 먹는 사람은 여우를 키우는 사람 옆집에 산다.
13. 사과를 먹는 사람은 말을 기르는 사람 옆집에 산다.
14. 케이크를 먹는 사람은 오렌지주스를 마신다.
15. 일본 사람은 바나나를 먹는다.
16. 노르웨이 사람은 파란색 집 옆집에 산다.
17. 물을 마시는 사람과 얼룩말을 키우는 사람이 있다.

2 위에서 주어진 사실을 바탕으로 문제를 해결하는 과정을 단계별로 살펴보자.

단계1 1번 사실과 2번 사실을 바탕으로 다음과 같은 표를 작성할 수 있다.

구분	집1	집2	집3	집4	집5
집의 색					
국적					
마시는 음료					
먹는 음식					
키우는 동물					

단계2　"10. 한가운데 집에 사는 사람은 우유를 마신다."와 "11. 노르웨이 사람은 왼쪽에서 첫 번째 집에 산다."는 사실을 통해 다음과 같이 표를 작성할 수 있다.

구분	집1	집2	집3	집4	집5
집의 색					
국적	노르웨이				
마시는 음료			우유		
먹는 음식					
키우는 동물					

단계3　16. 노르웨이 사람은 파란색 집 옆집에 산다."와 표에 표시한 사실을 통해 집2의 색은 파란색임을 알 수 있다. 따라서 다음과 같이 표를 작성할 수 있다.

구분	집1	집2	집3	집4	집5
집의 색		파란색			
국적	노르웨이				
마시는 음료			우유		
먹는 음식					
키우는 동물					

단계4　"5. 초록색 집에 사는 사람은 커피를 마신다."와 "7. 초록색 집은 아이보리색 집의 바로 왼쪽이다."와 표에 표시한 사실을 통해 초록색 집은 집4임을 알 수 있다. 따라서 다음과 같이 표를 작성할 수 있다.

구분	집1	집2	집3	집4	집5
집의 색		파란색		초록색	아이보리색
국적	노르웨이				
마시는 음료			우유	커피	
먹는 음식					
키우는 동물					

"3. 호주 사람은 빨간색 집에 산다."와 표에 표시한 사실을 통해 빨간색 집인 집3에 호주 사람이 살고 있음을 알 수 있다. 따라서 다음과 같이 표를 작성할 수 있다.

구분	집1	집2	집3	집4	집5
집의 색		파란색	빨간색	초록색	아이보리색
국적	노르웨이		호주		
마시는 음료			우유	커피	
먹는 음식					
키우는 동물					

단계6 "9. 노란색 집에 사는 사람은 사과를 먹는다."와 표에 표시한 사실을 통해 노란색 집인 집1에는 사과를 먹는 노르웨이 사람이 살고 있음을 알 수 있다. 따라서 다음과 같이 표를 작성할 수 있다.

구분	집1	집2	집3	집4	집5
집의 색	노란색	파란색	빨간색	초록색	아이보리색
국적	노르웨이		호주		
마시는 음료			우유	커피	
먹는 음식	사과				
키우는 동물					

단계7 "13. 사과를 먹는 사람은 말을 기르는 사람 옆집에 산다."와 표에 표시한 사실을 통해 집2에서 기르는 동물은 말임을 알 수 있다. 따라서 다음과 같이 표를 작성할 수 있다.

구분	집1	집2	집3	집4	집5
집의 색	노란색	파란색	빨간색	초록색	아이보리색
국적	노르웨이		호주		
마시는 음료			우유	커피	
먹는 음식	사과				
키우는 동물		말			

단계8   "14. 케이크를 먹는 사람은 오렌지주스를 마신다."와 표에 표시한 사실을 통해 오렌지주스를 마시는 사람은 집2 또는 집5에 살고 있음을 알 수 있다. 또한 "6. 우크라이나 사람은 차를 마신다."와 표에 표시한 사실을 통해 차를 마시는 사람은 집2 또는 집5에 살고 있음을 알 수 있다. 따라서 "17. 물을 마시는 사람과 얼룩말을 키우는 사람이 있다."를 바탕으로 집1에 사는 사람은 물을 마시는 것을 알 수 있다.

구분	집1	집2	집3	집4	집5
집의 색	노란색	파란색	빨간색	초록색	아이보리색
국적	노르웨이		호주		
마시는 음료	물		우유	커피	
먹는 음식	사과				
키우는 동물		말			

단계9   "6. 우크라이나 사람은 차를 마신다."와 "14. 케이크를 먹는 사람은 오렌지주스를 마신다.", "15. 일본 사람은 바나나를 먹는다.", 표에 표시한 사실을 통해 일본 사람은 집4에 살고 있음을 알 수 있다. 따라서 다음과 같이 표를 작성할 수 있다.

구분	집1	집2	집3	집4	집5
집의 색	노란색	파란색	빨간색	초록색	아이보리색
국적	노르웨이		호주	일본	
마시는 음료	물		우유	커피	
먹는 음식	사과			바나나	
키우는 동물		말			

단계10   "4. 이탈리아 사람은 개를 기른다."와 표에 표시한 사실을 통해 집5에 이탈리아 사람이 살고 있음을 알 수 있다. 따라서 다음과 같이 표를 작성할 수 있다.

구분	집1	집2	집3	집4	집5
집의 색	노란색	파란색	빨간색	초록색	아이보리색
국적	노르웨이		호주	일본	이탈리아
마시는 음료	물		우유	커피	
먹는 음식	사과			바나나	
키우는 동물		말 '			개

"6. 우크라이나 사람은 차를 마신다."와 표에 표시한 사실을 통해 집2에 우크라이나 사람이 살고 있음을 알 수 있다. 따라서 다음과 같이 표를 작성할 수 있다.

구분	집1	집2	집3	집4	집5
집의 색	노란색	파란색	빨간색	초록색	아이보리색
국적	노르웨이	우크라이나	호주	일본	이탈리아
마시는 음료	물	차	우유	커피	
먹는 음식	사과			바나나	
키우는 동물		말			개

단계 12 "8. 버섯을 먹는 사람은 달팽이를 키운다."와 표에 표시한 사실을 통해 집3에 있는 사람이 버섯을 먹고 달팽이를 키우는 것을 알 수 있다. 따라서 다음과 같이 표를 작성할 수 있다.

구분	집1	집2	집3	집4	집5
집의 색	노란색	파란색	빨간색	초록색	아이보리색
국적	노르웨이	우크라이나	호주	일본	이탈리아
마시는 음료	물	차	우유	커피	
먹는 음식	사과		버섯	바나나	
키우는 동물		말	달팽이		개

단계 13 "14. 케이크를 먹는 사람은 오렌지주스를 마신다."와 표에 표시한 사실을 통해 집5에 있는 사람이 케이크를 먹고 오렌지주스를 마시는 것을 알 수 있다. 따라서 다음과 같이 표를 작성할 수 있다.

구분	집1	집2	집3	집4	집5
집의 색	노란색	파란색	빨간색	초록색	아이보리색
국적	노르웨이	우크라이나	호주	일본	이탈리아
마시는 음료	물	차	우유	커피	오렌지주스
먹는 음식	사과		버섯	바나나	케이크
키우는 동물		말	달팽이		개

단계14 "12. 양파를 먹는 사람은 여우를 키우는 사람 옆집에 산다."와 표에 표시한 사실을 통해 집1에 있는 사람은 여우를 키우고, 집2에 있는 사람은 양파를 먹는 것을 알 수 있다. 따라서 다음과 같이 표를 작성할 수 있다.

구분	집1	집2	집3	집4	집5
집의 색	노란색	파란색	빨간색	초록색	아이보리색
국적	노르웨이	우크라이나	호주	일본	이탈리아
마시는 음료	물	차	우유	커피	오렌지주스
먹는 음식	사과	양파	버섯	바나나	케이크
키우는 동물	여우	말	달팽이		개

단계15 "17. 물을 마시는 사람과 얼룩말을 키우는 사람이 있다."와 표에 표시한 사실을 통해 집4에 있는 사람은 얼룩말을 키우고 있음을 알 수 있다. 따라서 다음과 같이 표를 작성할 수 있다.

구분	집1	집2	집3	집4	집5
집의 색	노란색	파란색	빨간색	초록색	아이보리색
국적	노르웨이	우크라이나	호주	일본	이탈리아
마시는 음료	물	차	우유	커피	오렌지주스
먹는 음식	사과	양파	버섯	바나나	케이크
키우는 동물	여우	말	달팽이	얼룩말	개

위와 같이 표를 완성한 결과로 보았을 때 물을 마시는 사람은 집1에 사는 노르웨이 사람이고, 얼룩말을 키우는 사람은 집4에 사는 일본 사람이다.

더 나아가기

✓ 87쪽에서 제시한 아인슈타인 퍼즐에서 10번째 정보인 "노르웨이 사람은 왼쪽에서 첫 번째 집에 산다."를 "노르웨이 사람은 오른쪽에서 첫 번째 집에 산다."로 수정하여 추론을 통해 아인슈타인 퍼즐을 해결해 보자.

[문제 상황] 아래와 같은 15개의 정보가 주어졌을 때, 물을 마시는 사람과 얼룩말을 키우는 사람은 각각 어느 나라 사람일까?

> ┌─ 조건 ─┐
>
> 집의 색, 국적, 마시는 음료, 먹는 음식, 키우는 동물은 모두 각각 다르다.

1. 모두 다섯 채의 집이 있다.
2. 호주 사람은 빨간색 집에 산다.
3. 이탈리아 사람은 개를 기른다.
4. 초록색 집에 사는 사람은 커피를 마신다.
5. 우크라이나 사람은 차를 마신다.
6. 초록색 집은 아이보리색 집의 바로 왼쪽이다.
7. 버섯을 먹는 사람은 달팽이를 키운다.
8. 노란색 집에 사는 사람은 사과를 먹는다.
9. 한가운데 집에 사는 사람은 우유를 마신다.
10. 노르웨이 사람은 오른쪽에서 첫 번째 집에 산다.★★
11. 양파를 먹는 사람은 여우를 키우는 사람 옆집에 산다.
12. 사과를 먹는 사람은 말을 기르는 사람 옆집에 산다.
13. 케이크를 먹는 사람은 오렌지주스를 마신다.
14. 일본 사람은 바나나를 먹는다.
15. 노르웨이 사람은 파란색 집 옆집에 산다.

☑ 문제 상황을 바탕으로 사실을 정리한 후, 추론을 통해 아인슈타인 퍼즐을 해결하도록 한다.

예시 답

1. 17개의 사실을 정리하면 다음과 같다.

> 1. 집의 색, 국적, 마시는 음료, 먹는 음식, 키우는 동물은 모두 각각 다르다.
> 2. 모두 다섯 채의 집이 있다.
> 3. 호주 사람은 빨간색 집에 산다.
> 4. 이탈리아 사람은 개를 기른다.
> 5. 초록색 집에 사는 사람은 커피를 마신다.
> 6. 우크라이나 사람은 차를 마신다.
> 7. 초록색 집은 아이보리색 집의 바로 왼쪽이다.
> 8. 버섯을 먹는 사람은 달팽이를 키운다.
> 9. 노란색 집에 사는 사람은 사과를 먹는다.
> 10. 한가운데 집에 사는 사람은 우유를 마신다.
> 11. 노르웨이 사람은 오른쪽에서 첫 번째 집에 산다.
> 12. 양파를 먹는 사람은 여우를 키우는 사람 옆집에 산다.
> 13. 사과를 먹는 사람은 말을 기르는 사람 옆집에 산다.
> 14. 케이크를 먹는 사람은 오렌지주스를 마신다.
> 15. 일본 사람은 바나나를 먹는다.
> 16. 노르웨이 사람은 파란색 집 옆집에 산다.
> 17. 물을 마시는 사람과 얼룩말을 키우는 사람이 있다.

2. 17개의 사실을 통해 여러 차례의 추론을 거쳐 표를 작성하면 다음과 같다.

구분	집1	집2	집3	집4	집5
집의 색	초록색	아이보리색	빨간색	파란색	노란색
국적	일본	이탈리아	호주	우크라이나	노르웨이
마시는 음료	커피	오렌지주스	우유	차	물
먹는 음식	바나나	케이크	버섯	양파	사과
키우는 동물	얼룩말	개	달팽이	말	여우

따라서 물을 마시는 사람은 집5에 사는 노르웨이 사람이고, 얼룩말을 키우는 사람은 집1에 사는 일본 사람이다.

04 컴퓨터는 어떻게 학습할까?

핵심 개념 지도학습, 비지도학습, 분류, 예측, 군집화

학습 목표 기계학습의 개념을 이해하고, 지도학습과 비지도학습의 차이를 설명할 수 있다.
분류, 군집화 등 기계학습의 활용 분야를 탐색할 수 있다.

인공지능 연구자들은 인간 지능*의 다양한 측면 중 특히 학습 능력이 인공지능 발전에 중요하다고 생각했다. 그래서 어떻게 해야 컴퓨터도 사람처럼 학습할 수 있는지를 중점적으로 연구했다.
컴퓨터는 주어진 데이터를 통해 어떻게 학습하는 걸까?

★ 인간 지능은 논리, 이해, 자기 인식, 학습, 지식, 계획, 창조, 문제 해결 등 여러 가지 요소로 이루어져 있다.

> ✅ 인공지능에서 기계학습은 어떻게 이루어질까?

핵심 개념 학습하기

1 기계학습의 개념과 종류

최근 인공지능 기술 중 기계학습 분야가 발전하면서 컴퓨터도 사람처럼 사물을 인식하고, 분류, 예측, 군집화 등의 작업을 할 수 있게 되었다. 기계학습은 인간의 학습 능력을 로봇이나 컴퓨터를 통해 구현하는 인공지능 기술이다. 1959년, 아서 사무엘은 기계학습을 "기계가 일일이 코드로 명시하지 않은 동작을 데이터로부터 학습하여 실행할 수 있게 하는 알고리즘을 개발하는 연구 분야"라고 정의했다. 기계학습은 지도학습과 비지도학습으로 구분할 수 있다.

(1) 지도학습(Supervised Learning)

정답이 있는 훈련 데이터*를 학습하여 데이터의 패턴이나 규칙 등을 스스로 찾아내는 학습 방법이다.

★ 훈련 데이터
기계학습 모델을 학습시킬 때 사용되는 데이터

지도학습은 정해진 범주를 찾는 '분류(classification)'와 연속적인 값을 예측하는 '회귀(regression)' 등에 활용된다. 분류는 새로운 데이터가 어떤 그룹에 속하는지 찾아내는 것으로 이미지 분류, 문자 식별, 스팸 메일 분류 등에 활용된다. 회귀는 새로운 데이터를 입력했을 때 합리적인 출력값을 미루어 짐작하는 것으로, 학습한 데이터를 가장 잘 설명하는(실젯값과 예측 차이가 작은) 최적의 회귀식을 찾고 그것에 근거하여 입력에 대응하는 출력값을 도출한다. 기상 예측, 수요 예측, 범죄 예측 등에 활용된다.

⬥ 지도학습의 예(새로운 이미지를 기린으로 분류)

(2) 비지도학습(Unsupervised Learning)

정답이 주어지지 않은 훈련 데이터를 학습하여 데이터가 갖는 특징, 구조 등을 스스로 파악하고 일정한 규칙성을 찾아내는 학습 방법이다. 비지도학습은 훈련 데이터 속에 숨겨진 새로운 정보를 찾고자 할 때 유용하게 사용된다.

비지도학습은 군집화, 이상 탐지 등에 활용된다. 군집화(clustering)란 데이터를 나누는 명확한 기준이 없는 상태에서 주어진 데이터들의 특징을 고려하여 유사한 데이터들의 그룹으로 나누는 것으로, 이때 나누어진 유사한 데이터의 그룹을 군집(cluster)이라고 한다. 구매 이력이나 관심사에 따라 고객의 유형을 나누는 것을 군집화의 사례로 들 수 있다.

또한 비지도학습은 전체 데이터와는 다른 특징을 가진 데이터가 일부 포함된 훈련 데이터를 학습하여 다른 특징을 가진 데이터를 찾아내는 이상 탐지에도 활용된다. 신용카드 사기나 오용 등의 이상 금융 거래, 사이버 침입이나 악성 코드 같은 악의적 행동, 시스템의 고장 등을 탐지할 수 있다.

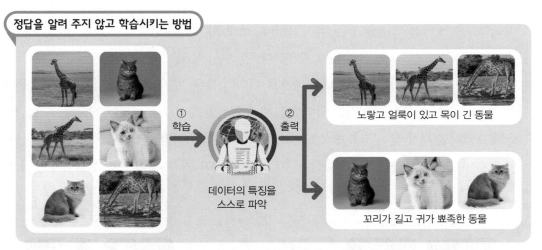

● 비지도학습의 예(같은 특징을 가진 것들로 이미지들을 군집화)

🤖 하나 더 알기

● **분류와 군집화의 공통점과 차이점**

분류와 군집화는 모두 데이터를 비슷한 집단으로 나누는 방법이다. 분류란 각 데이터에 정해진 특징을 이미 알고 있는 상태에서 비슷한 집단으로 나누는 방법이고, 군집화란 데이터의 특징에 대한 정보가 없고 이를 모르는 상태에서 비슷한 집단으로 나누는 방법이다.

현실 세계에서 만나는 데이터에는 특징이 정해져 있지 않은 경우가 더 많으므로, 군집화는 데이터 자체의 특징을 알아내고 데이터의 숨겨진 구조를 파악하는 데 다양하게 활용될 수 있다.

2 기계학습의 알고리즘

지도학습과 비지도학습에서 사용되는 대표적인 알고리즘에 대해 알아보자.

(1) 분류 알고리즘

지도학습에서 분류를 수행하기 위한 알고리즘으로 가장 간단하면서도 많이 사용되는 k-최근접 이웃 알고리즘에 대해 알아보자.

· k-최근접 이웃 알고리즘(kNN; k-Nearest Neighbor Algorithm)

데이터를 가장 가까이에 있는 특징에 따라 분류하는 알고리즘이다. 새로운 데이터를 입력받았을 때, 그 데이터와 가장 가까이에 있는 k개의 원소를 찾은 후, k개의 원소가 속한 여러 그룹 중 다수가 속한 그룹으로 원소를 분류한다. k의 값에 따라 분류 결과가 달라질 수 있으므로, 오류가 적고 성능이 잘 나오는 k값을 찾아야 한다.

예제 19개의 데이터를 통해 ⑦은 어느 그룹에 속하는지 분류해 보자.

⑦와 가장 가까운 데이터를 3개 뽑아 보면 Ⓐ가 1개, Ⓑ가 2개임을 알 수 있다.

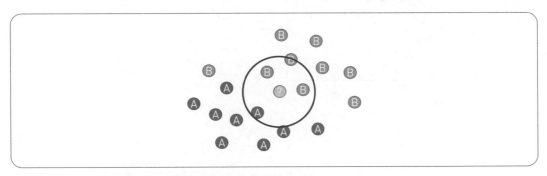

따라서 k의 값이 3일 때, ⑦는 Ⓑ그룹으로 분류할 수 있다.

(2) 군집화 알고리즘

비지도학습에서 군집화를 수행하기 위한 알고리즘으로 가장 간단하면서도 잘 알려진 k-평균 군집화 알고리즘에 대해 알아보자.

• k-평균 군집화 알고리즘(k-Means Clustering Algorithm)

주어진 데이터를 k개의 군집으로 묶는 알고리즘이다. 각 군집과의 거리를 최소화하는 방향으로 새로운 군집을 만들도록 동작한다. 여기서 '평균(Means)'은 각 데이터로부터 그 데이터가 속한 군집의 중심(centroid)까지의 평균 거리를 뜻하는데, 이 값을 최소화하는 것이 알고리즘의 목표이다. 이 알고리즘은 비지도학습의 일종으로, 정답이 없는 입력 데이터에 정답을 부여해 주는 역할을 수행하기도 한다.

k-평균 군집화 알고리즘의 수행 과정

① 데이터 세트에서 k개의 중심(centroid)을 임의로 지정한다.
② k개의 중심으로부터 모든 데이터가 얼마나 떨어져 있는지를 계산한 후에, 각 데이터들을 가장 가까운 중심이 속한 그룹에 할당한다.
③ ②번 과정에서 군집으로 지정된 데이터들을 기반으로, 각 데이터들과 중심 간의 거리가 최소화되도록 해당 군집의 중심을 변경한다.
④ 중심이 더 이상 변하지 않을 때까지 ②~③번 과정을 반복한다.

예제 **20개의 데이터를 2개의 군집으로 나눠 보자.**

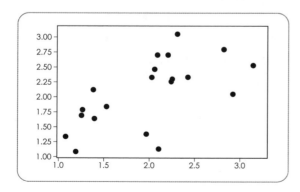

❶ 중심 2곳을 임의로 선택한다. 데이터는 검정
색 점으로, 중심은 X표로 표시했다.

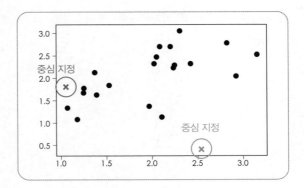

❷ 각 데이터에 대하여 2곳의 중심 중 가까운 중
심을 선택하여 2개의 그룹으로 나누면 오른
쪽과 같다.

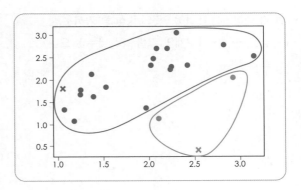

❸ 중심을 군집 내 데이터들의 위치 평균으로 변
경한다.

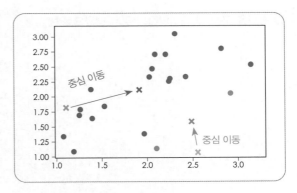

❹ 각 데이터에 대하여 2곳의 중심 중 가까운 중
심을 선택하여 2개의 그룹으로 나누면 오른
쪽과 같다.

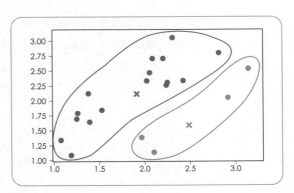

❺ 중심을 군집 내 데이터들의 위치 평균으로 변경한다.

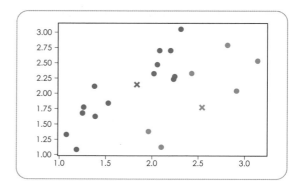

❻ 각 데이터에 대하여 2곳의 중심 중 가까운 중심을 선택하여 2개의 그룹으로 나누면 오른쪽과 같다.

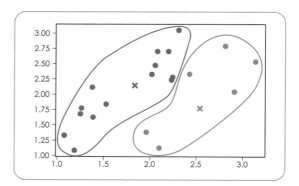

❼ 중심을 군집 내 데이터들의 위치 평균으로 변경한다.

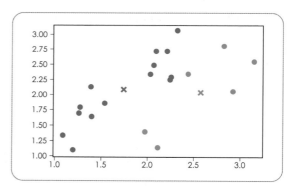

❽ 각 데이터에 대하여 2곳의 중심 중 가까운 중심을 선택하여 2개의 그룹으로 나누면 오른쪽과 같다.

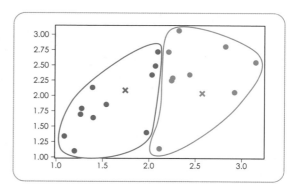

❾ 중심을 군집 내 데이터들의 위치 평균으로 변
경한다.

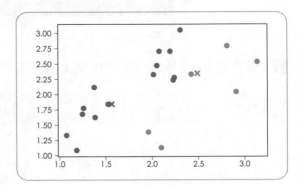

❿ 계속 이 과정을 반복해서 수행하면 최종적으
로 다음과 같이 2개의 그룹으로 데이터를 나
눌 수 있다.

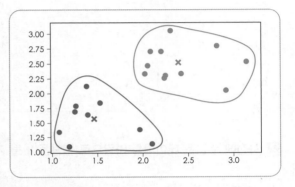

문제 해결하기

1 다음과 같이 수집된 20개의 데이터를 k-평균 알고리즘을 이용하여 2개의 군집으로 나누어 보자.

순	제품의 무게 (kg)	제품의 크기 (cm³)	결과	순	제품의 무게 (kg)	제품의 크기 (cm³)	결과
1	40.9	7.4		11	47.0	18.0	
2	16.3	22.3		12	15.8	28.9	
3	50.8	6.8		13	47.4	11.0	
4	4.0	33.9		14	2.7	31.1	
5	32.9	17.7		15	31.3	16.8	
6	19.0	38.7		16	12.5	34.6	
7	39.5	7.8		17	31.7	15.9	
8	7.7	24.0		18	19.3	24.1	
9	35.1	1.9		19	31.9	19.8	
10	14.1	39.4		20	2.5	33.7	

2 사전에 수집된 데이터를 바탕으로 불량품이 될 가능성이 높은 제품을 선별해 보자.

순	제품의 무게 (kg)	제품의 크기 (cm³)	판정 결과	순	제품의 무게 (kg)	제품의 크기 (cm³)	판정 결과
1	10.1	5.3	정상	11	9.9	4.9	정상
2	10.2	4.7	정상	12	8.2	4.4	불량품
3	9.3	5.7	불량품	13	10.1	4.9	정상
4	10.2	5.1	정상	14	9.9	5.2	정상
5	8.2	5	불량품	15	8.5	4.3	불량품
6	10.2	4.8	정상	16	8.2	5.1	불량품
7	11.3	5.1	불량품	17	10.7	5	정상
8	10.1	5.2	정상	18	11.7	5	불량품
9	9.2	5.7	불량품	19	9.8	4.8	정상
10	10.1	4.8	정상	20	10.4	4.9	정상

🔺 사전에 수집된 데이터

순	제품의 무게 (kg)	제품의 크기 (cm³)	불량품이 될 가능성	순	제품의 무게 (kg)	제품의 크기 (cm³)	불량품이 될 가능성
1	8.3	4.3		6	9.3	5.6	
2	9.6	5.2		7	8.2	5.2	
3	10.2	5.2		8	10	4.8	
4	9.8	5.3		9	10.2	4.9	
5	10.1	5		10	10.2	5.3	

🔺 판별해야 하는 제품의 무게 및 크기

1 수집된 20개의 데이터를 k-평균 알고리즘을 이용하여 2개의 군집으로 나누는 과정은 다음과
같다.

❶ 수집된 20개의 데이터를 바탕으로 x축은 제
품의 무게, y축은 제품의 크기로 점그래프를
그려 보면 오른쪽과 같다.

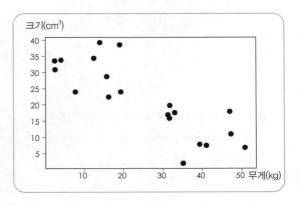

❷ 중심 2곳을 임의로 선택한다.

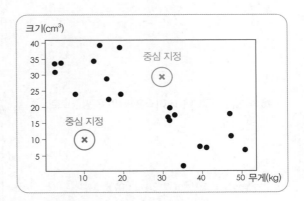

❸ 각 데이터에 대해 2곳의 중심 중 가까운 중
심을 선택하여 2개의 그룹으로 나누면 오른
쪽과 같다.

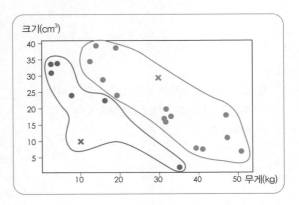

❹ 중심을 군집 내 데이터들의 위치 평균으로 변경한다.

중심1의 좌표는 (11.38, 24.48),
중심2의 좌표는 (31.01, 20.49)이다.

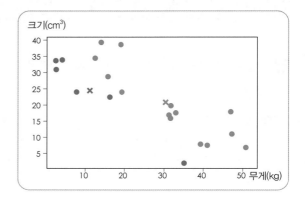

❺ 각 데이터에 대하여 2곳의 중심 중 가까운 중심을 선택하여 2개의 그룹으로 나누면 오른쪽과 같다.

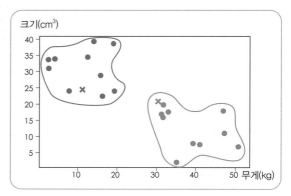

❻ 중심을 군집 내 데이터들의 위치 평균으로 변경한다.

중심1의 좌표는 (11.39, 31.07),
중심2의 좌표는 (38.58, 12.31)이다.

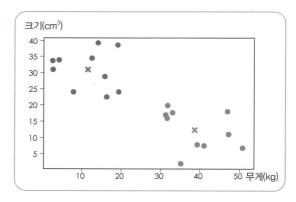

❼ 각 데이터에 대하여 2곳의 중심 중 가까운 중심을 선택하여 2개의 그룹으로 나누면 오른쪽과 같다.

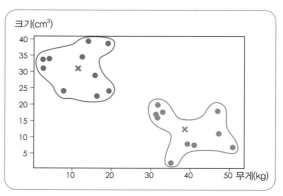

❽ 중심을 군집 내 데이터들의 위치 평균으로 변경한다.

> 중심1의 좌표는 (11.39, 31.07),
> 중심2의 좌표는 (38.85, 12.31)이다.

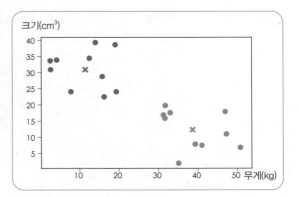

❾ 더 이상 중심의 좌표가 바뀌지 않으므로 학습을 종료한다.

❿ 20개의 데이터를 2개의 군집으로 나눈 결과는 다음과 같다.

순	제품의 무게 (kg)	제품의 크기 (cm³)	결과	순	제품의 무게 (kg)	제품의 크기 (cm³)	결과
1	37.9	9.4	A	11	45.0	15.9	A
2	19.2	37.2	B	12	5.5	28.4	B
3	50.4	14.3	A	13	43.4	12.9	A
4	2.8	20.7	B	14	13.0	22.2	B
5	45.2	5.5	A	15	40.1	15.2	A
6	19.6	26.4	B	16	4.7	23.7	B
7	45.0	5.6	A	17	41.8	5.3	A
8	9.1	36.2	B	18	8.5	32.2	B
9	33.0	16.9	A	19	38.3	11.1	A
10	3.1	37.6	B	20	16.3	20.9	B

2 사전에 수집된 데이터를 바탕으로 불량품이 될 가능성이 높은 제품을 선별하는 과정은 다음과 같다.

❶ 사전에 수집된 데이터를 x축은 제품의 무게, y축은 제품의 크기로 점그래프를 그려 보면 오른쪽과 같다. 빨간색은 불량품, 초록색은 정상 제품을 나타낸다.

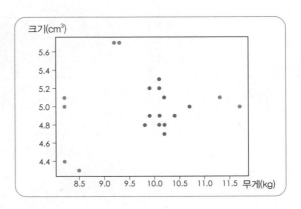

❷ 판별해야 하는 제품을 노란색으로 표시해 보면 오른쪽과 같다.

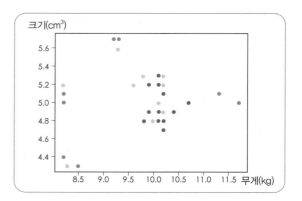

❸ k-NN 알고리즘을 이용하여 불량품 여부를 판별해 보면, 중앙에 모여 있는 점들과 멀리 떨어져 있는 3개의 점에 해당하는 제품이 불량품일 가능성이 높다고 할 수 있다.

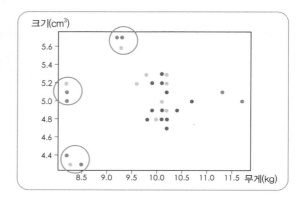

❹ 불량품이 될 확률이 높은 제품을 표시해 보면 아래와 같다.

순	제품의 무게 (kg)	제품의 크기 (cm³)	불량품이 될 가능성	순	제품의 무게 (kg)	제품의 크기 (cm³)	불량품이 될 가능성
1	8.3	4.3	높음	6	9.3	5.6	높음
2	9.6	5.2	낮음	7	8.2	5.2	높음
3	10.2	5.2	낮음	8	10	4.8	낮음
4	9.8	5.3	낮음	9	10.2	4.9	낮음
5	10.1	5	낮음	10	10.2	5.3	낮음

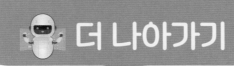
더 나아가기

✅ 제품의 무게와 크기 데이터를 바탕으로 불량품이 될 가능성이 높은 제품을 선별해 보자.

순	제품의 무게 (kg)	제품의 크기 (cm³)	불량품이 될 가능성	순	제품의 무게 (kg)	제품의 크기 (cm³)	불량품이 될 가능성
1	10.1	5.3		11	9.3	5.7	
2	10.2	4.7		12	10.2	5.0	
3	10.2	5.1		13	10.1	4.9	
4	8.2	5		14	9.9	5.2	
5	10	5		15	9.7	5.2	
6	10.2	4.8		16	9.9	4.9	
7	10	4.9		17	11.7	5	
8	10.1	5.2		18	9.8	5.2	
9	10.1	5.5		19	9.8	4.8	
10	10.1	4.1		20	10.4	4.9	

예시 답

❶ x축은 제품의 무게, y축은 제품의 크기로 점 그래프를 그려 보면 오른쪽과 같다.

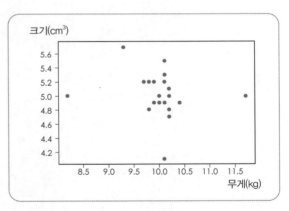

❷ 여기에서 중앙에 모여 있는 점들과 멀리 떨어져 있는 4개의 점에 해당하는 제품이 불량품이 될 가능성이 높다고 볼 수 있다.

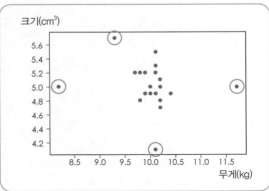

따라서 불량품이 될 확률이 높은 제품을 표시해 보면 아래와 같다.

순	제품의 무게 (kg)	제품의 크기 (cm³)	불량품이 될 가능성	순	제품의 무게 (kg)	제품의 크기 (cm³)	불량품이 될 가능성
1	10.1	5.3	낮음	11	9.3	5.7	높음
2	10.2	4.7	낮음	12	10.2	5.0	낮음
3	10.2	5.1	낮음	13	10.1	4.9	낮음
4	8.2	5	높음	14	9.9	5.2	낮음
5	10	5	낮음	15	9.7	5.2	낮음
6	10.2	4.8	낮음	16	9.9	4.9	낮음
7	10	4.9	낮음	17	11.7	5	높음
8	10.1	5.2	낮음	18	9.8	5.2	낮음
9	10.1	5.5	낮음	19	9.8	4.8	낮음
10	10.1	4.1	높음	20	10.4	4.9	낮음

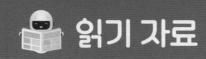
대학교 수준의 수학 문제 풀기, 정답률을 10배 높인 인공지능 등장

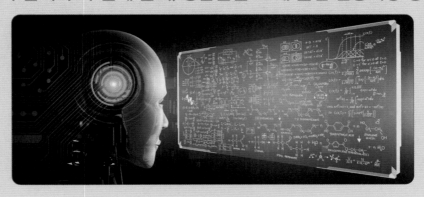

지금까지 인공지능이 대학교 수준의 수학 문제를 풀었을 때의 정답률은 약 8%에 불과했다. 마침내 2022년 8월, 80%가 넘는 높은 정답률로 대학교 수준의 수학 문제를 푸는 인공지능이 나왔다. 미국 매사추세스공대(MIT), 하버드대, 워털루대, 컬럼비아대 공동 연구팀은 수학을 전공한 대학생이 푸는 수준의 수학 문제를 몇 초 만에 해결하는 인공지능을 개발하고, 그 결과를 국제학술지 미국국립과학원회보 8월 2일자에 발표했다.

연구팀은 먼저 인공지능에게 프로그래밍 언어와 사람이 쓰는 언어인 '자연어' 사이의 관계를 학습시켰다. 자연어로 된 수학 문제가 프로그래밍 코드와 어떤 관련이 있는지 알려준 것이다. 예를 들어 인공지능에게 '점 A와 B 사이의 거리를 찾아라'라는 문제와 '두 점 사이의 거리를 찾는 프로그램을 작성하라'가 같은 의미라는 걸 학습시켰다.

이후 이 인공지능은 몇 가지 질문만 제시하면 자연어 수학 문제를 프로그래밍 언어로 바꾼 다음, 코드를 만들어 문제를 풀었다. 연구팀은 기존의 대학교 수학 문제를 푸는 인공지능은 자연어로만 학습시켜 정답률이 낮았다고 판단하고, 다른 방법을 시도한 것이다. 그 결과 연구팀이 개발한 인공지능은 수학 문제 265개 중 213개를 풀어 80%의 정답률을 보였고, 스스로 푼 방법을 단계적으로 설명했다. 또 연구팀은 인공지능에게 특정 주제의 수학 문제를 제공한 뒤, 새로운 문제를 만들라고 명령했다. 그리고 수학과 학부생 15명에게 6개의 수학 분야마다 사람이 만든 문제 5개와 인공지능이 만든 문제 5개씩 총 60개의 문제를 풀게 하고, 인공지능이 만든 문제인지 아닌지 찾으라는 설문 조사를 진행했다. 조사 결과 인공지능이 만든 문제에 대해 사람이 만들었다고 평가하는 비율과 인공지능이 만들었다고 평가하는 비율이 한 문제를 제외하고는 거의 차이가 없었다. 연구를 이끈 MIT 전기공학 및 컴퓨터과학부 교수 이도 드로리는 "우리가 개발한 인공지능은 학생들이 어려워하는 수학 문제의 풀이법을 배우거나 교수가 새로운 문제를 만드는 데 도움이 될 것"이라고 설명했다.

〈출처〉 동아사이언스(2022. 9. 3.), https://www.dongascience.com/news.php?idx=56095

05 딥러닝으로 시간 예측을 할 수 있을까?

<u>핵심 개념</u> 딥러닝

<u>학습 목표</u> 퍼셉트론의 기본 개념과 동작 원리를 설명할 수 있다.

사람의 뉴런[*]에 대한 모방으로 시작한 인공 신경망[*] 연구는 최근 딥러닝을 적용하면서 더욱 뛰어난 성과를 보이고 있다. 딥러닝이 적용된 인공지능은 다양한 분야에서 사람보다 더 정확하게 분류, 예측, 판단 등을 할 수 있다.

★ 뉴런: 신경계를 이루는 구조적 · 기능적 기본 단위인 신경 세포를 말한다.

★ 인공 신경망: 사람의 뉴런이 신경망으로 연결된 형태를 모방하여 만든 수학적 모델로서, 퍼셉트론은 인공 신경망을 이루는 기본 단위이다.

> ✓ 딥러닝은 어떻게 학습하고 예측하는 걸까?

1 인공 신경망

뉴런은 신경계를 이루는 기본 단위로 사람의 뇌는 약 1,000억 개 이상의 뉴런으로 구성된다. 하나의 뉴런은 수십 개에서 수천 개의 다른 뉴런들과 연결되어 각 뉴런으로부터 얻은 정보를 처리한 결과를 다른 뉴런으로 전송한다. 사람의 뇌는 거대한 생물학적 네트워크로 사람은 이러한 신경망을 통해 다양한 감정을 느끼고 생각을 한다. 바로 이러한 원리를 지능 에이전트에 적용하여 신경망을 구현하는 기술을 인공 신경망(ANN; Artificial Neural Network)이라고 한다.

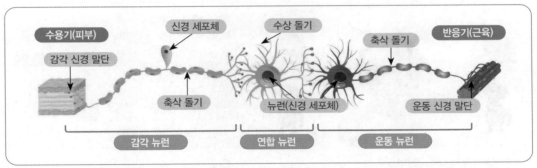

🔵 **신경망** 뉴런(신경 세포)으로 구성된 그물 모양의 구조로, 뉴런은 수상 돌기를 통해 여러 개의 신호를 입력받아 처리한 후 축삭 돌기를 통해 다른 뉴런으로 출력한다. 이때 해당 뉴런은 임계값*을 넘어야 신호를 전달한다.

★ **임계값:** 어떤 변화가 나타나기 시작하는 지점을 의미하며 경계라고도 할 수 있다.

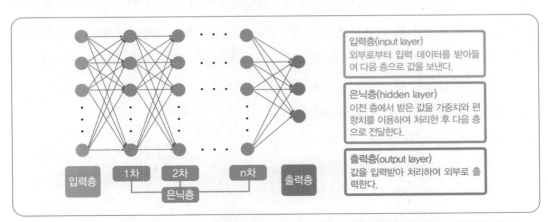

🔵 **심층 인공 신경망** 사람의 신경망의 특수한 정보 처리 기능을 부분적으로 모방할 의도로 만든 것으로, 1943년에 사람의 뇌 신경세포 구조를 수학적으로 모델링한 것에서 시작되었다.

2 딥러닝

　사람은 사전에 학습된 지식과 경험을 바탕으로 개와 고양이를 구분하지만 인공지능은 기계학습을 통해 개와 고양이를 구분한다. 딥러닝(Deep Learning)은 사람의 신경망을 모방하여 만든 심층 인공 신경망(DNN; Deep Neural Network)을 통해 데이터를 심층 학습한 후 분류·예측·판단 등을 수행하는 기계학습의 한 방법으로, 인공 신경망을 구성하는 가장 기본적인 단위를 퍼셉트론이라고 한다.

　심층 인공 신경망은 복잡한 데이터를 학습하기 위해 입력층과 출력층 사이에 다수의 은닉층을 쌓아 구성하는데, 이처럼 다수의 은닉층을 활용하면 입력층으로부터 입력받은 데이터들을 더 정교하게 처리할 수 있다.

🔺 사람의 개와 고양이 구분

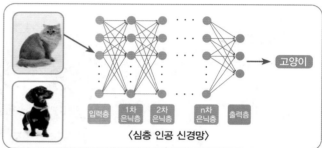

🔺 딥러닝의 개와 고양이 구분

3 퍼셉트론

　퍼셉트론(perceptron)은 1957년 프랭크 로젠블랫이 고안한 학습 알고리즘으로, 다수의 신호를 입력받아 처리한 후 하나의 신호를 출력하는 것이다. 인공 신경망에서는 인간 신경 조직의 기본 단위인 뉴런의 기능을 수학적으로 모델링한 퍼셉트론을 기본 단위로 사용한다. 퍼셉트론은 여러 값들을 입력받는 부분과 입력값을 처리하는 부분, 처리된 값을 출력하는 부분으로 구성되어 있다. 또한 각각의 입력에 할당된 가중치*를 입력값에 곱한 값과 편향치*의 합을 구한 후 더 정확한 값을 찾기 위해 활성화 함수를 이용하여 결과를 출력한다.

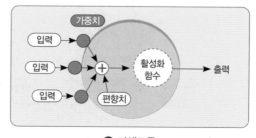

🔺 퍼셉트론

이때 사용하는 대표적인 활성화 함수는 계단 함수, 시그모이드 함수, ReLU 함수가 있으며, 최초의 활성화 함수는 매컬러-피츠 모델과 퍼셉트론에서 쓰인 계단 함수이다. 계단 함수는 가중치를 입력값에 곱한 값과 편향치의 합이 정해진 한계를 넘어설 때 1을 출력한다. 그 한계를 보통 임계값이라 한다. 이후 딥러닝이 활성화되면서 시그모이드 함수를 사용하였고, 그 후로는 ReLU 함수들과 그 변형 함수들을 사용하고 있다. 활성화 함수는 S자형의 시그모이드 계열과 구간 선형 함수인 ReLU 계열로 구분할 수 있다.

★ **가중치(weight):** 출력값에 미치는 영향을 조정하는 변수로, 입력에 대한 가치를 의미한다.

★ **편향치(bias):** 측정값 또는 추정량의 분포 중심(평균값)과 참값과의 편차를 나타내는 것으로, 활성화 함수를 거쳐 출력되는 값을 조정하는 변수를 말한다.

하나 더 알기

■ **활성화 함수**

출력할 값을 조정해 주는 함수로 계단 함수, 시그모이드(Sigmoid) 함수, ReLU 함수 등이 있다.

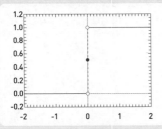
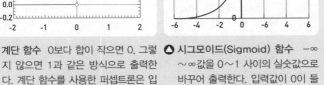
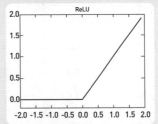

⬤ **계단 함수** 0보다 합이 작으면 0, 그렇지 않으면 1과 같은 방식으로 출력한다. 계단 함수를 사용한 퍼셉트론은 입력값에 따라 0 또는 1 두 가지로만 구분할 수 있다.

⬤ **시그모이드(Sigmoid) 함수** $-\infty \sim \infty$값을 0~1 사이의 실숫값으로 바꾸어 출력한다. 입력값이 0이 들어오면 0.5를 출력한다.

⬤ **ReLU 함수** 0보다 합이 작으면 0, 그렇지 않으면 합을 출력한다. 입력값에 따라 값을 출력하거나 0을 출력한다.

■ **딥러닝과 블랙박스**

과학, 기술, 공학 등의 분야에서 블랙박스는 내부 작업의 어떤 이해 없이 입력과 결과의 측면으로 볼 수 있는 시스템을 뜻한다. 딥러닝 모델에서도 입력과 출력은 사람이 확인할 수 있지만, 딥러닝 내부에서 어떤 작업을 하는지 사람은 알 수 없다. 이런 이유로 딥러닝의 내부를 블랙박스(blackbox)라고 부르기도 한다.

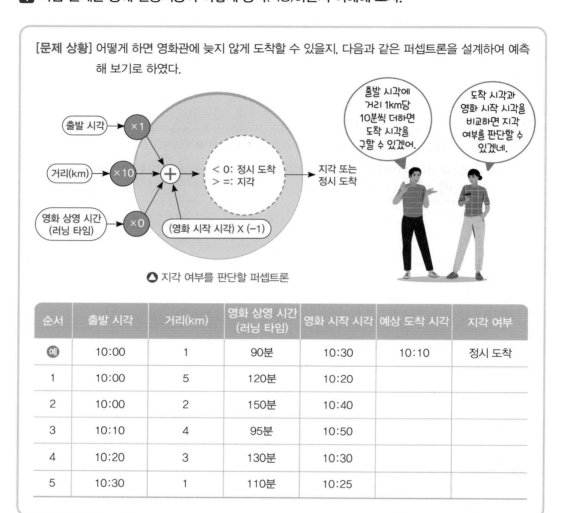

문제 해결하기 (활동)

1 다음 문제를 통해 인공지능이 어떻게 동작(작동)하는지 이해해 보자.

[문제 상황] 어떻게 하면 영화관에 늦지 않게 도착할 수 있을지, 다음과 같은 퍼셉트론을 설계하여 예측해 보기로 하였다.

출발 시각 ×1
거리(km) ×10
영화 상영 시간 (러닝 타임) ×0
(영화 시작 시각) X (−1)

+ → < 0: 정시 도착 / > =: 지각 → 지각 또는 정시 도착

출발 시각에 거리 1km당 10분씩 더하면 도착 시각을 구할 수 있겠어.

도착 시각과 영화 시작 시각을 비교하면 지각 여부를 판단할 수 있겠네.

◉ 지각 여부를 판단할 퍼셉트론

순서	출발 시각	거리(km)	영화 상영 시간 (러닝 타임)	영화 시작 시각	예상 도착 시각	지각 여부
예	10:00	1	90분	10:30	10:10	정시 도착
1	10:00	5	120분	10:20		
2	10:00	2	150분	10:40		
3	10:10	4	95분	10:50		
4	10:20	3	130분	10:30		
5	10:30	1	110분	10:25		

2 지각 여부를 판단할 퍼셉트론에서 불필요한 데이터와 더 필요한 데이터가 무엇인지 찾아보고, 그 이유를 생각해 보자.

1 퍼셉트론에 출발 시각, 거리, 영화 상영 시간(러닝 타임)을 대입하면 예상 도착 시각을 계산할 수 있고, 영화 시작 시각과 예상 도착 시각을 비교하여 지각 여부를 판단할 수 있다.

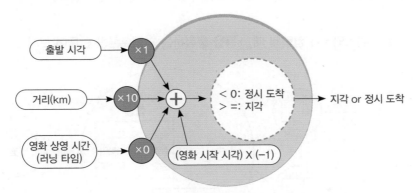

▲ 지각 여부를 판단할 퍼셉트론

순서	출발 시각	거리(Km)	영화 상영 시간 (러닝 타임)	영화 시작 시각	예상 도착 시각	지각 여부
1	10:00	5	120분	10:20	10:50	지각
2	10:00	2	150분	10:40	10:20	정시 도착
3	10:10	4	95분	10:50	10:50	지각
4	10:20	3	130분	10:30	10:50	지각
5	10:30	1	110분	10:25	10:40	지각

2 지각 여부를 판단할 퍼셉트론에서 불필요한 데이터와 더 필요한 데이터를 다음과 같은 이유로 구분할 수 있다.

지각 여부를 판단할 퍼셉트론에서는 출발 시각, 거리, 영화 상영 시간(러닝 타임), 영화 시작 시각 데이터를 이용하여 지각 여부를 판단하고 있지만 실제로는 교통편, 날씨 등도 이동 시간에 영향을 준다. 그러므로 퍼셉트론에 교통편과 날씨 등의 데이터도 필요하다. 또한 영화 상영 시간(러닝 타임)은 예상 도착 시각에 영향을 주지 않으므로 불필요한 데이터이다.

러닝 타임은 예상 도착 시각과 상관없는 불필요한 데이터라서 그 값을 반영하지 않기 위해 0을 곱했구나.

더 나아가기

✔ 토끼와 거북이가 달리기 시합을 하고 있다. 토끼는 초당 5m를 달릴 수 있고, 거북이는 초당 2m를 달릴 수 있다. 거북이는 토끼보다 50m 앞에서 시작하고, 토끼는 경기 도중에 x초 동안 휴식을 한다. 그리고 거북이는 쉬지 않고 달린다. y초 후 1등은 누구일까?

아래 빈칸을 채워 x와 y가 입력될 때, 1등을 출력하는 퍼셉트론을 만들어 보자.

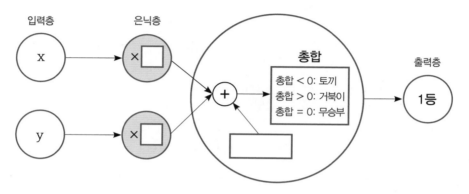

해설

x초 동안은 토끼가 쉬기 때문에 거북이만 2m 앞으로 이동하여 거북이와 토끼의 차이가 2m 증가한다. $(y-x)$ 초 동안은 토끼와 거북이가 모두 달리기 때문에 거북이와 토끼의 차이가 3m 감소한다. 따라서 거북이와 토끼의 차이를 계산하면 $50 + 2x - 3(y - x)$이고, 식을 정리하면 $50 + 5x - 3y$이다. 그러므로 x의 가중치는 5이고, y의 가중치는 −3, 편향치는 50이다.

활성화 함수에 따라 '거북이 − 토끼'의 거리가 양수이면 거북이가 1등이고, '거북이 − 토끼'의 거리가 음수이면 토끼가 1등이고, '거북이 − 토끼'의 거리가 0이면 무승부이다. 퍼셉트론으로 나타내면 다음과 같다.

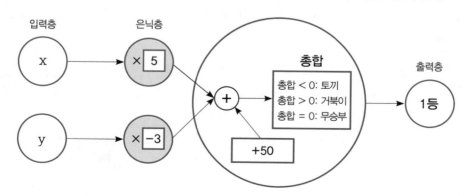

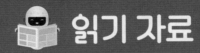

너를 좋아할 것 같은 느낌적인 느낌! 추천 알고리즘

과거에는 인터넷에 많은 데이터들이 모여 있어 인터넷을 '정보의 바다'라고 불렀다. 요즘은 단순한 정보를 넘어 어마어마한 양의 콘텐츠들이 쏟아지고 있어 '콘텐츠의 바다'에서 살고 있다고 해도 과언이 아닐 정도이다. 과거에는 해당 플랫폼에서만 동작하는 콘텐츠를 만들어 사용자의 선택이 제한되어 있었지만, 이제는 플랫폼의 제한 없이 다양한 콘텐츠들이 생산되고 있다.

게다가 소비자들이 짧은 시간 안에 자신이 원하는 콘텐츠를 빠르게 선택할 수 있다 보니, 자신이 원하는 콘텐츠만 소비하려는 욕구가 강해지고 있다. 이에 많은 기업은 고객에게 콘텐츠를 추천하는 서비스를 제공하고 있다. 동영상 플랫폼에서는 고객이 시청했던 영상과 유사한 영상을 추천해 주고, 온라인 쇼핑몰에서는 고객이 구매하였거나 조회했던 상품과 유사한 상품을 추천해 준다. 이처럼 사용자의 이전 행동을 바탕으로 토대로 관심을 가질 만한 콘텐츠를 추천해 주는 것을 추천 시스템이라고 한다.

추천 알고리즘에는 콘텐츠 기반 필터링과 협업 필터링 등이 있다. 먼저 콘텐츠 기반 필터링은 콘텐츠의 특성과 사용자의 선호도를 비교해 추천하는 방식이다. 사용자가 특정 콘텐츠를 선호하는 경우 그 콘텐츠와 비슷한 콘텐츠를 추천하는 방식이다.

협업 필터링은 고객의 행동 양식을 기반으로 추천해 주는 방식이다. 고객의 행동 양식이란 콘텐츠에 매긴 평점, 상품 구매 이력 등을 말한다. 다양한 고객의 행동 양식 중에서 특정 집단에서 발생하는 '유사한 행동'을 파악하여, 비슷한 성향의 고객들에게 콘텐츠를 추천하는 방식을 협업 필터링이라고 한다. 가장 흔한 예로, 온라인 쇼핑몰에서 '이 상품을 구매한 사용자가 구매한 다른 상품들'이란 카테고리로 추천 상품을 보여 주는 서비스가 있다.

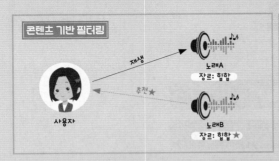

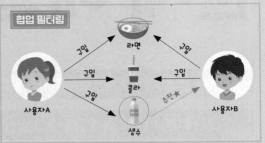

⬥ 사용자의 행동 기록을 이용하는 것이 아니라 항목 자체를 분석해 추천한다. 음악을 추천하기 위해서는 음악 자체를 분석하고, 상품이라면 상품 설명을 분석해 유사한 항목을 추천한다.

⬥ 사용자 A가 라면과 콜라를 구입하면서 생수를 함께 구입했다면, 라면과 콜라를 구입한 사용자 B에게 생수를 추천해 준다.

<내용 출처> 과학기술정보통신부 블로그(2022. 10. 25.), https://blog.naver.com/with_msip/222909810808
<이미지 참고> 삼성 반도체 뉴스룸(2020. 4. 20.), http://m.site.naver.com/14CCQ

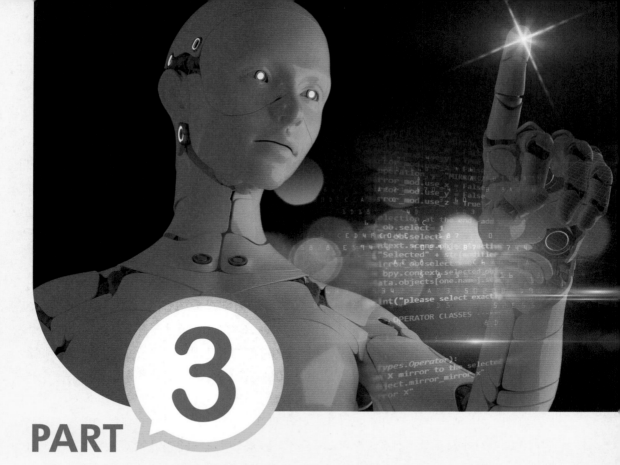

PART 3

인공지능과
문제 해결

이 단원에서 사용할 코드와 데이터 파일은
㈜삼양미디어 홈페이지(www.samyangm.com)에서
[도서 Mall]을 선택한 후, [고객센터]–[자료실]–
'우리학교 인공지능 수업 소스파일'에서
내려받으시면 됩니다.

'PART 3 인공지능과 문제 해결'은

실생활의 다양한 문제를 스스로 해결할 수 있도록 구성하였습니다. 앞에서 인공지능의 개념과 발전 과정, 원리를 이해하고 다양한 실험을 통해 내공을 쌓았다면, 이제 나 스스로 문제를 발견하고 해결하는 도전이 필요합니다.

Part 3에서는 엔트리를 이용해 데이터를 수집하여 시각화해 보고, 인공지능 모델(분류 · 회귀 · 군집)을 만들고, 이를 이용하여 문제를 해결해 봅니다.

01 데이터에 숨겨진 보물을 어떻게 찾을까?

핵심 개념 데이터 속성, 데이터 시각화와 분석

학습 목표 데이터 속성의 의미를 설명할 수 있다.

데이터 시각화와 분석을 통해 가치 있는 정보를 발견할 수 있다.

'데이터 마이닝(Data Mining)'이라는 말을 들어 본 적이 있는가? '마이닝(Mining)'이란 '채굴하다'라는 뜻인데, 데이터 마이닝이란 땅속에 묻혀 있는 광물을 캐내듯이 거대한 데이터 더미 속에서 유용하고 가치 있는 정보를 찾아내는 것을 말한다.

☑ 가치 있고 유용한 데이터란 무엇일까?

122 · PART 3_인공지능과 문제 해결

1 데이터와 정보

데이터(data)는 경험이나 실험 결과로 얻어진 사실들의 모음으로 숫자, 문자, 그림, 소리, 동영상 등 다양한 형태로 표현된다. 데이터 그 자체로는 큰 의미를 가질 수 없는 경우가 많지만 수집한 방대한 데이터를 가공 및 처리함으로써 보다 가치가 높고 유용한 정보를 얻을 수 있다.

예를 들어, 어떤 사람들에 대한 데이터가 충분히 확보된 경우, 사람들의 운동 시간, 수면 시간, 심박동 수 등의 데이터를 분석해서 건강 상태에 관한 정보를 만들어 낼 수 있다. 또한 사람들의 실시간 위치 데이터, 대중교통 이용 현황, 통화 지역 등의 데이터를 분석해서 유동 인구가 많은 상권 정보를 만들 수 있다.

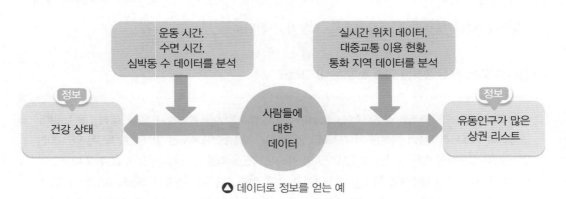

◆ 데이터로 정보를 얻는 예

2 데이터 속성

속성이란 어떤 사물의 성질이나 특성을 의미한다. 따라서 데이터 속성은 데이터의 성질이나 특성을 의미한다. 예를 들어, 건강을 측정하는 웨어러블 기기로 측정한 데이터를 다음과 같이 표로 정리하면 같은 열에 있는 데이터들은 데이터의 특별한 성질이나 특성을 나타내는 속성이 된다. 즉, 측정한 데이터 중에서 '심박동 수'라는 속성을 보여 주는 값은 80, 81, 80, 79임을 알 수 있다.

날짜 · 시간	심박동 수(횟수)	산소 포화도(%)	위도(°)	경도(°)	고도(m)
2022-10-10 04:22:10	80	95.4	36.1412	127.2912	24.123
2022-10-10 04:22:15	81	95.8	36.1412	127.2912	24.123
2022-10-10 04:22:20	80	96.2	36.1412	127.2912	24.123
2022-10-10 04:22:25	79	95.5	36.1412	127.2912	24.123
(이하 생략)	…	…	…	…	…

(표 상단: 속성)

3 데이터 시각화

데이터에 숨겨진 정보를 찾아내는 방법은 여러 가지가 있다. 그중에서 데이터 시각화는 데이터의 분석 결과를 쉽게 이해할 수 있도록 도표, 이미지, 통계 그래프 등을 이용하여 데이터 속성값의 변화나 대푯값을 시각적으로 표현하고 전달하는 것을 말한다.

예 대한민국 백신 종류별 접종 현황(누적) 그래프

그래프를 보면 2021년 5월 말부터 백신 접종이 급격히 늘고 있음을 확인할 수 있다. 특히 7월 15일에 즈음하여 아스트라제네카 백신은 약 1,200만 명, 화이자 백신은 약 800만 명, 얀센 백신은 약 100만 명이 각각 접종하여 모두 더하면 약 2,100만 명 정도가 백신을 접종하였음을 한눈에 알 수 있다. 또, 얀센 백신은 6월 초와 중순에만 접종이 이루어지고, 이후 접종 현황에는 변동이 없음도 확인할 수 있다. 화이자 백신의 경우 6월 중순에서 7월 중순까지 약 300만 건의 접종이 있었고, 접종 추세가 꾸준히 증가하고 있으므로 8월경에는 1,000만 명을 돌파할 것으로 예측할 수 있다.

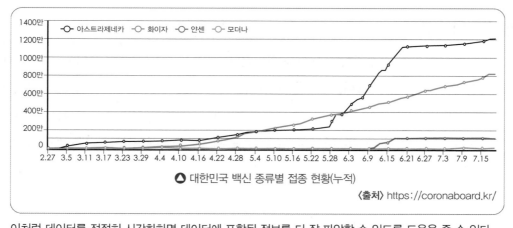

대한민국 백신 종류별 접종 현황(누적)

〈출처〉 https://coronaboard.kr/

이처럼 데이터를 적절히 시각화하면 데이터에 포함된 정보를 더 잘 파악할 수 있도록 도움을 줄 수 있다.

은지는 TV에서 OO식당이라는 프로그램을 봤다. 오늘 방송에 나온 식당은 사장님 혼자서 운영하는 곳으로 많은 종류의 메뉴를 제공하고 있었다. 그러다 보니 음식을 조리하는 시간이 오래 걸려 고객의 만족도가 떨어지고, 바쁜 고객들은 점점 오지 않게 되었다. 또, 보관하는 음식 재료의 종류가 많아 보관 장소도 많이 필요하고, 잘 팔리지 않는 메뉴에 사용되는 재료는 오랫동안 보관만 하다가 버리는 경우도 많았다.

은지는 이 식당의 문제를 해결하는 방법은 잘 팔리지 않는 메뉴의 수를 줄여서 식자재의 보관을 간편하게 하고, 버려지는 재료의 양을 줄이는 것이라고 판단하였다. 이 식당의 주문 데이터가 저장된 '삼양분식(S).csv' 파일을 이용하여 다음 질문에 하나씩 답하면서 엔트리로 식당의 메뉴 수를 줄이는 문제를 해결해 보자.

※ ㈜삼양미디어 홈페이지(www.samyangm.com)에서 [도서 Mall]을 선택한 후, [고객센터]−[자료실]−'우리학교 인공지능 수업 소스파일'에서 '삼양분식(S).csv' 파일을 내려받는다.

(배경 지식) ● 엔트리에서 차트로 시각화

엔트리에서 [데이터분석] 을 클릭하고, [테이블 불러오기] → [테이블 추가하기] → [테이블 선택] 에서 기존에 준비된 데이터 파일을 선택하거나, [파일 올리기] 를 이용해서 내 컴퓨터에 저장된 스프레드시트 파일을 업로드하면 테이블이 추가된다.

테이블이 추가되면, 테이블의 내용과 간단한 요약 정보를 볼 수 있고, 다음과 같은 5가지 차트 중 하나를 선택하여 데이터를 시각화할 수 있다.

| 막대 | 선 | 원 | 점 | 히스토그램 |

---

1 주어진 파일을 열어 간단히 살펴본 후 데이터의 속성과 데이터의 개수를 확인하고 써 보자.

◎ 데이터의 속성:

◎ 데이터의 개수:

2 삼양분식은 메뉴의 종류가 매우 다양하다. '삼양분식(S).csv' 파일을 검토하여 그동안 주문했던 메뉴의 종류가 모두 몇 가지인지 알아보자.

3 파일에서 메뉴이름이 자주 등장한다면 식당의 인기 메뉴로 볼 수 있다. 메뉴의 주문 횟수가 가장 많은 순서대로 5가지를 선정해 보자.

4 메뉴이름의 출현 개수는 실제 주문 수량과는 차이가 있다. 메뉴별로 실제 주문 수량을 차트를 통해 시각화해 보고, 주문 수량이 많은 순서대로 5가지의 메뉴를 선정해 보자.

5 실제로 식당의 매출에 영향을 주는 것은 메뉴별 판매 금액이다. 엔트리의 차트 기능을 이용하여 판매 금액이 높은 순서대로 5가지의 메뉴를 선정해 보자.

 해설

1 주어진 파일을 열어 간단히 살펴본 후 데이터의 속성과 데이터의 개수를 확인하는 과정은 다음과 같다.

 해결 **방법**

❶ 엔트리 홈페이지(playentry.org)에 접속하여 로그인 한다.

❷ 만들기 – 작품 만들기 메뉴로 이동한 후 데이터분석 을 클릭하고, 테이블 불러오기 를 선택한다.

❸ 테이블 추가하기 – 파일 올리기 에서 파일 선택 또는 마우스로 파일 끌어다 놓기로 '삼양분식(S).csv' 파일을 업로드한다.

파일을 끌어다 놓거나 클릭해서 업로드
CSV, XLS(X) 파일을 여기에 끌어다 놓거나 클릭해서 업로드 할 수 있어요.

파일 선택

❶ 10MB 이하의 CSV, XLS(X) 형식의 파일을 추가할 수 있습니다. 엑셀 파일의 경우, 함수 문장이 그대로 출력됩니다.

❹ 업로드가 완료되면 추가하기 를 클릭한다.

❺ 추가하기 가 완료되면 파일의 내용이 테이블 형태로 보이는데, 열에 해당하는 것이 데이터 속성이다. 확인해 보면 주문번호, 메뉴이름, 수량, 가격, 금액의 5가지 속성이 있는 것을 알 수 있다.

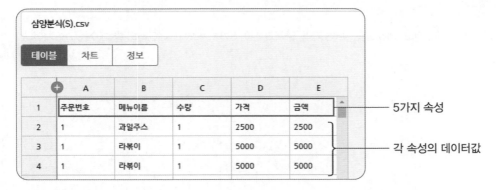

삼양분식(S).csv

	A	B	C	D	E	
1	주문번호	메뉴이름	수량	가격	금액	← 5가지 속성
2	1	과일주스	1	2500	2500	← 각 속성의 데이터값
3	1	라볶이	1	5000	5000	
4	1	라볶이	1	5000	5000	

❺ 오른쪽 스크롤바를 테이블의 마지막까지 내리면 테이블에 789개의 행이 있는 것을 알 수 있다. 이때 1행은 열에 대한 정보를 담고 있는 열 제목에 해당하므로 실제 데이터는 총 788개가 있음을 알 수 있다.

787	323	치즈떡볶이	1	5000	5000
788	324	치즈김밥	1	3000	3000
789	324	치즈떡볶이	1	5000	5000

스크롤바
내리기

알고 가기 | **또 다른 방법**

정보 탭을 누르면 테이블에 있는 데이터 정보가 간단하게 보인다. 행과 열의 개수를 보면 속성의 개수와 데이터의 개수를 알 수 있고, 속성별로 데이터 통곗값을 볼 수 있으므로 속성의 이름도 확인 가능하다.

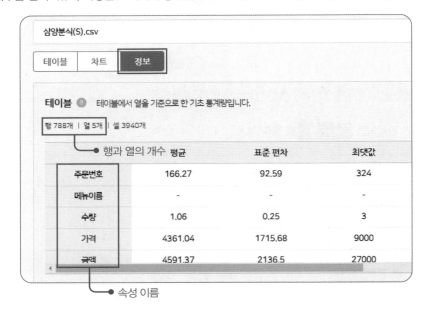

삼양분식(S).csv

| 테이블 | 차트 | **정보** |

테이블 ❓ 테이블에서 열을 기준으로 한 기초 통계량입니다.

행 788개 | 열 5개 | 셀 3940개

← 행과 열의 개수

	평균	표준 편차	최댓값
주문번호	166.27	92.59	324
메뉴이름	-	-	-
수량	1.06	0.25	3
가격	4361.04	1715.68	9000
금액	4591.37	2136.5	27000

← 속성 이름

예시 | **답안**

데이터 속성은 주문번호, 메뉴이름, 수량, 가격, 금액과 같이 5가지가 있고, 데이터의 총 개수는 788개이다.

2 삼양분식은 메뉴의 종류가 매우 다양하다. '삼양분식(S).csv' 파일을 검토하여 그동안 주문했던 메뉴의 종류가 모두 몇 가지인지 알아보는 과정은 다음과 같다.

해결 **방법**

❶ **차트** 탭을 선택하고, ⊞를 눌러 차트의 종류가 나타나도록 한 다음, 차트 종류 중 [원] 차트를 선택한다.

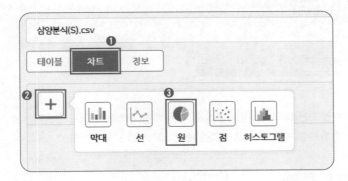

❷ 계열을 '메뉴이름'으로, 값을 '개수'로 선택한다.

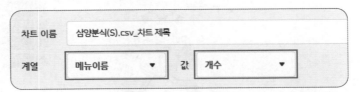

❸ 메뉴별로 몇 번 주문되었는지를 계산하여 원 차트로 표현되는데, 오른쪽 범례 부분에 있는 메뉴의 종류를 세어 보면 39가지가 있다.

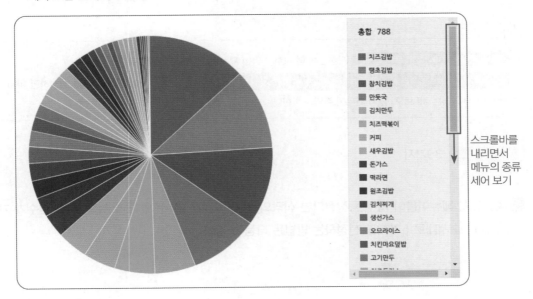

스크롤바를 내리면서 메뉴의 종류 세어 보기

❶ 엔트리 블록으로 다음과 같이 코드를 작성한다.

❷ 코드를 실행하면 모든 행의 메뉴이름을 읽어 메뉴 종류 리스트에 없는 경우에만 추가하고, 마지막에 메뉴 종류에 있는 항목 수를 출력한다. 그 결과를 보면 39가지인 것을 확인할 수 있다.

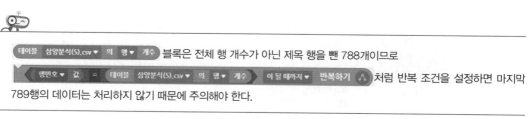

테이블 삼양분식(S).csv ▼ 의 행 ▼ 개수 블록은 전체 행 개수가 아닌 제목 행을 뺀 788개이므로

행번호 ▼ 값 = 테이블 삼양분식(S).csv ▼ 의 행 ▼ 개수 이 될 때까지 ▼ 반복하기 처럼 반복 조건을 설정하면 마지막 789행의 데이터는 처리하지 않기 때문에 주의해야 한다.

예시 답안   39가지

❸ 파일에서 메뉴이름이 자주 등장한다면 식당의 인기 메뉴로 볼 수 있다. 메뉴의 주문 횟수가 가장 많은 순서대로 5가지를 선정하는 방법은 다음과 같다.

해결 방법

❶ ❷번 질문을 해결하면서 만든 원 차트에 마우스를 가져다 대면 메뉴이름과 주문 횟수, 전체 주문에서 차지하는 비율 등이 보인다. 12시 방향을 기준으로 시계 방향으로 주문 횟수가 많은 순으로 표시되고 있으므로 순서대로 정보를 확인한다.

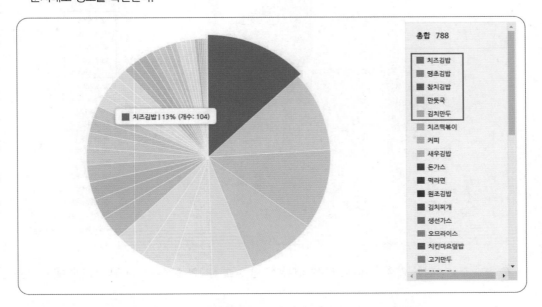

❷ 주문 횟수가 많은 순서대로 5개의 메뉴이름만 알고 싶다면 차트의 오른쪽 범례에서 상위 5개를 확인하면 된다.

예시 답안 치즈김밥, 땡초김밥, 참치김밥, 만둣국, 김치만두

4 메뉴이름의 출현 횟수는 실제 주문 수량과는 차이가 있다. 메뉴별로 실제 주문 수량을 차트를 통해 시각화하고, 주문 수량이 많은 순서대로 5가지의 메뉴를 선정하는 방법은 다음과 같다.

해결 방법

❶ ❷번 질문을 해결하면서 만든 원 차트에서 값을 '수량'으로 변경한다.

❷ 원 차트에 마우스를 가져다 대면 메뉴이름과 주문 수량, 전체 주문에서 차지하는 비율 등이 보인다. 12시 방향을 기준으로 시계 방향으로 횟수가 많은 순으로 표시되고 있으므로 순서대로 정보를 확인하면 된다. 확인해 보면 참치김밥의 주문 횟수는 세 번째였는데, 실제 주문 수량으로는 두 번째로 변경된 것을 알 수 있다.

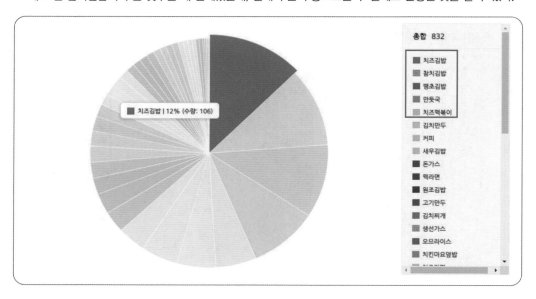

❸ 실제 주문 수량이 많은 순서대로 5개의 메뉴이름만 알고 싶다면 오른쪽 범례에서 상위 5개를 확인하면 된다.

예시 답안) 치즈김밥, 참치김밥, 땡초김밥, 만둣국, 치즈떡볶이

5 실제로 식당의 매출에 영향을 주는 것은 메뉴별 판매 금액이다. 엔트리의 차트 기능을 이용하여 판매 금액이 높은 순서대로 5가지의 메뉴를 선정하는 방법은 다음과 같다.

해결 방법)

❶ **2**번 질문을 해결하면서 만든 원 차트에서 값을 '금액'으로 변경한다.

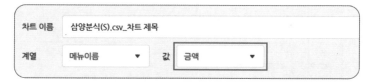

❷ 원 차트에 마우스를 가져다 대면 메뉴이름과 금액, 전체 주문에서 차지하는 비율 등이 보인다. 12시 방향을 기준으로 시계 방향으로 횟수가 많은 순으로 표시되고 있으므로 순서대로 정보를 확인하면 된다. 확인해 보면 만둣국이 주문 횟수나 주문 수량은 네 번째였는데, 주문 금액으로는 첫 번째로 변경된 것을 알 수 있다. 이것은 만둣국의 기본 가격이 김밥류보다 높아서 생긴 결과이다.

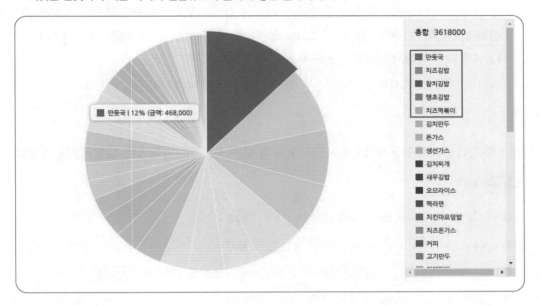

예시 답안 만둣국, 치즈김밥, 참치김밥, 땡초김밥, 치즈떡볶이

삼양분식의 메뉴 수 줄이기와 관련한 데이터 분석 및 데이터 시각화 활동을 통해 새롭게 알게 된 내용을 친구들과 이야기해 보자.

또 가정, 학교 등 일상생활에서 데이터 분석 및 데이터 시각화를 어떤 곳에 활용할 수 있을지 생각해 보자.

더 나아가기

✓ 가수로 활동하는 민수는 평소 목 건강에 신경을 많이 쓰는 편이다. 미세먼지가 목에 좋지 않은 영향을 끼친다는 것을 알게 된 민수는 새로운 작업실 위치를 미세먼지 농도가 적은 곳으로 정하려고 한다. 민수가 작업실 후보지로 생각하는 곳은 서울, 부산, 세종, 제주의 4개 지역이다. 4개 지역 중에서 미세먼지 농도가 적은 곳을 찾아보자.

※미세먼지에 관련된 데이터는 엔트리에 포함되어 있는 '월평균 미세먼지농도'를 사용한다.

1 4개 지역 중에서 평균적으로 미세먼지 농도가 낮은 곳은 어디인지 찾는 방법은 다음과 같다.

[해결 방법]

❶ 엔트리 홈페이지(playentry.org)에 접속하여 [로그인] 한다.

❷ [만들기] – [작품 만들기] 메뉴로 이동한 후 [데이터분석]을 클릭하고, [테이블 불러오기]를 선택한다.

❸ [테이블 추가하기] – [테이블 선택]에서 '월평균 미세먼지농도'를 선택하고 [추가하기]를 클릭한다.

❹ [정보] 탭을 눌러 테이블 각 항목별 요약 정보를 확인한다. 후보 지역의 미세먼지 평균값을 보면 제주가 가장 낮은 수치를 보여 주므로 제주 지역을 선택하도록 한다. 다만 최댓값 또한 제주가 가장 높기 때문에 높은 수치를 보이는 계절이나 월은 피하는 것이 좋다는 것을 알 수 있다.

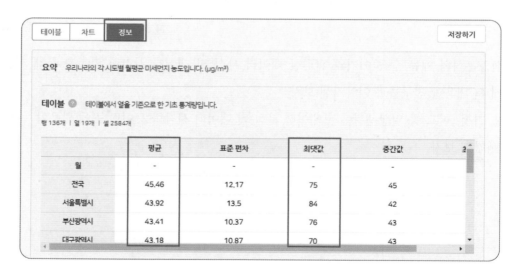

[예시 답안] 제주

2 민수가 새로운 작업실을 주로 겨울(12~2월)에 이용한다고 할 때 어느 지역을 선택하는 것이 좋은지 찾는 방법은 다음과 같다.

해결 방법

① 차트 탭을 선택하고, ➕를 눌러 차트의 종류가 나타나도록 한 다음, 차트의 종류 중에서 [선] 차트를 선택한다.

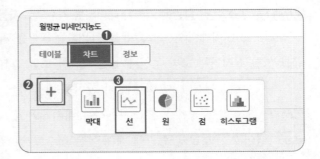

② 가로 축은 '월'을 선택하고, 계열은 비교할 지역 모두, 즉 '서울', '부산', '세종', '제주'를 체크한다.

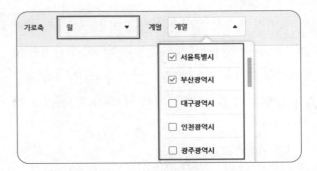

③ 표시된 차트를 보면서 12~2월 사이에 미세먼지 농도가 낮은 지역을 찾아본다. 과거에는 제주가 미세먼지 농도가 가장 높은 적도 있었지만, 최근 3년간의 12~2월의 미세먼지 농도 차트를 보면 수치가 가장 낮은 것을 볼 수 있다. 따라서 주로 겨울에 작업을 한다면 제주 지역이 가장 좋은 환경임을 알 수 있다.

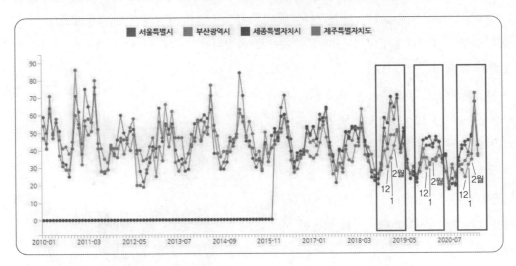

예시 답안 제주

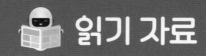
데이터를 활용한 보험료 할인 산정 사례

사례 ❶ 평소 운전 습관을 기록한 데이터를 기준으로 자동차 보험료 할인받기

평소 ○○ 내비게이션 프로그램을 이용하는 A씨는 과속, 급차선 변경 등을 하지 않고 교통 법규를 성실히 지키는 모범 운전자이다. 자동차 보험 갱신 기간이 되어 자동차 보험료를 산출해 보니, 기존 보험료에서 10% 이상 추가 할인을 받을 수 있었다. 그 이유는 A씨가 평소 사용하는 내비게이션 프로그램이 A씨의 운전 습관에 대해 높은 점수를 부여했기 때문이다.

이처럼 평상시 운전 데이터를 이용하여 운전 습관이 좋은 사람은 사고의 위험성이 적다고 판단하여 보험료를 할인해 주고, 그렇지 않은 운전자는 보험료를 할인해 주지 않는 것은 데이터를 활용한 사례로 볼 수 있다.

사례 ❷ 실제 나이가 아닌 신체 나이를 기준으로 보험료 적용하기

평소 건강한 생활 습관을 가진 65살 B씨는 보험 가입 신청을 했다. 보험사는 건강보험심사평가원에서 받은 B씨의 검진 · 진료 기록을 토대로 B씨가 실제 나이에 비해 매우 건강한 상태인 것을 확인했다. 그의 신체 나이는 50살 수준으로 측정되어 보험료도 50살 기준으로 저렴하게 적용받을 수 있었다.

나이가 적어도 건강 관리를 하지 않은 사람보다 나이가 많아도 건강 관리를 잘한 사람이 질병 등으로 인해 보험 혜택을 받을 가능성이 적으므로 더 낮은 보험료를 적용받았다. 실제 나이보다 신체 나이를 활용한 보험료 산출도 데이터를 활용한 사례로 볼 수 있다.

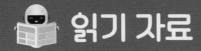

콜레라 발병 지도

19세기 중반 런던은 연속적인 콜레라 발병으로 고통받고 있었다. 무려 14,000여 명이 사망하였는데, 당시 의사와 과학자의 대부분은 콜레라가 공기를 통해 감염되는 것으로 잘못 판단하고 있었다. 이처럼 콜레라의 감염 과정을 잘못 판단했기 때문에 실질적인 방역이 어려운 실정이었다.

1954년 영국 런던 소호의 브로드 스트리트 근처에서 대규모로 콜레라가 발병했다. 존 스노 (John Snow)는 거주자들 사이의 질병 패턴을 기반으로 오염된 물속의 어떤 매개체에 의해 코로나가 퍼졌다는 가설을 세웠고, 브로드 스트리트(Broad Street)의 공용 수도펌프가 발병 원인임을 확인했다. 스노는 펌프 주변에서 콜레라가 어떻게 발생했는지 설명하기 위해 아래와 같은 지도를 사용하여 사망자의 수를 시각화하였고, 이를 근거로 브로드 스트리트의 공용 펌프 손잡이를 제거하도록 주장하였다.

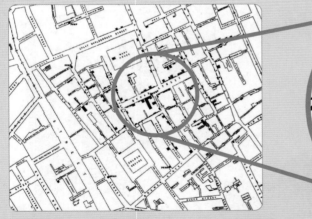

🔻 존 스노의 콜레라 발병 지도. 스노는 사망자의 주소 위에 두꺼운 검은색 선을 그렸다. 2명 이상의 사망자가 있는 주소에는 그 수만큼의 검은색 선을 층으로 표시했다. 그 방식으로 사망자 데이터 전체를 지도에 표시했다.

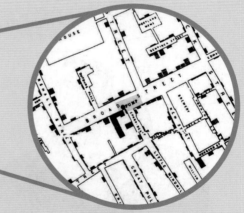

🔻 스노가 표시한 검은색 선은 특정 지역을 중심으로 몰려 있었다. 그곳은 지도 중심부에 있는 '브로드 스트리트'였고, 그 중앙에 '공용 수도펌프(Pump)'가 있었다.

이처럼 존 스노의 콜레라 발병 지도는 콜레라의 발병 원인을 밝히는 데 도움을 주었고, 이후 하수도 시스템을 구축하여 수원(水源)이 오염되지 않도록 보호하는 방법의 제안을 촉발하였다. 스노의 역사적 발견에 경의를 표하기 위해 1992년 원래 펌프가 있던 장소에 브로드 스트리트의 펌프 모형을 설치하였고, 매년 공중 보건 주제에 대한 'Pumphandle Lectures'를 개최한다.

〈내용 출처〉 https://en.wikipedia.org/wiki/1854_Broad_Street_cholera_outbreak
https://www.tableau.com/ko-kr/learn/articles/best-beautiful-data-visualization-examples
〈이미지 출처〉 https://cdns.tblsft.com/sites/default/files/pages/2_snow-cholera-map.jpg

02 데이터, 어디에서 구할 수 있을까?

핵심 개념 데이터 수집, 데이터 처리

학습 목표 문제 해결에 필요한 데이터를 찾고, 수집할 수 있다.
수집된 데이터를 처리하여 정보를 만들어 낼 수 있다.

수도권의 면적은 11,851.26km²로 대한민국 전체 면적의 11.8%를 차지한다. 그런데 2022년 2월 말 기준 인구 통계에 따르면 수도권에 거주하는 인구수는 2천 603만 3,798명이고, 이것은 대한민국 총인구의 50.42%에 해당한다고 한다. 은지는 사람들이 수도권에 집중되는 이유에 대해 조사하고, 발표하려고 한다.

- 그걸 알려면 지방과 수도권의 인구수가 어떻게 변했는지부터 살펴봐야겠어.
- 지방에 비해 수도권에 인구가 집중되는 이유는 뭘까?
- 수도권 인구 분포도

> ✅ 은지에게 필요한 데이터는 무엇이고, 어디에서 구할 수 있을까?

데이터를 이용하여 문제를 해결하기 위해서는 데이터 선정 및 데이터 수집 방법에 대해 알아보아야 한다.

1 데이터 선정하기

적절한 데이터를 선정하기 위해서는 문제 해결에 꼭 필요한 데이터가 어떤 것인지 판단하고 결정하는 것이 중요하다. 예를 들어, 사람들이 수도권에 집중된 이유를 알기 위해 지역별 문화 시설 현황이나 일자리 현황과 같은 데이터를 살펴보는 것은 의미가 있겠지만, 지역별 교통사고 현황 데이터를 분석하는 것은 관련성이 적을 것이다.

이 외에도 필요한 데이터를 선정할 때 고려할 요소는 다음과 같다.

수집 가능성	정보 보호	데이터의 품질	데이터 수집 비용
수집할 수 있는 방법이 없거나 수집하기 매우 어려운 데이터는 피하고, 수집할 수 있는 데이터들을 선정한다.	선정하려는 데이터가 개인 정보를 포함하고 있거나 저작권 침해의 문제가 없는지 살펴보고, 문제가 없는 데이터를 선정한다.	데이터의 정확성이 떨어지거나 데이터 제공자의 신뢰도가 떨어지는 데이터는 선정하지 않는다.	데이터를 수집하는 데 들어가는 비용을 고려하여 선정한다.

🔵 데이터를 선정할 때 고려할 요소

2 데이터 수집하기

필요한 데이터를 선정하였다면, 다음 단계는 데이터를 수집하는 것이다. 데이터 수집 방법은 다양하지만, 크게 보면 이미 만들어진 데이터 세트(data set)를 활용하는 방법과 필요한 데이터를 직접 수집하는 방법으로 나눌 수 있다.

(1) 데이터 세트 활용

공공 기관이나 기업에서 수집한 수많은 데이터들이 존재하는데, 그중 사용자들이 쉽게 가져다 활용할 수 있도록 공개된 데이터 세트들이 있다.

공공 데이터 포털(https://www.data.go.kr/)

서울 열린 데이터 광장(http://data.seoul.go.kr/)

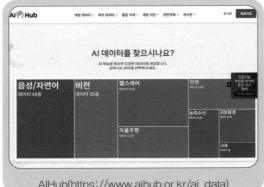
AIHub(https://www.aihub.or.kr/ai_data)

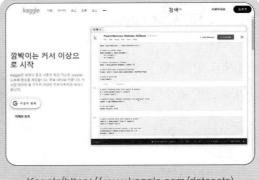
Kaggle(https://www.kaggle.com/datasets)

⬢ 데이터 세트를 제공하는 사이트
이 외에도 포털 사이트 검색을 통해서도 많은 데이터 세트를 찾아 활용할 수 있다.

(2) 직접 수집

검색 엔진을 활용하여 인터넷에 존재하는 데이터를 찾아 하나하나 수집하거나 웹 크롤링★ 기술 등을 활용하여 데이터를 일괄 수집할 수 있다. 또한 웨어러블 기기나 스마트폰 등에 장착된 사물 인터넷 기술이 적용된 센서를 통해 직접 데이터를 수집하는 방법도 있다.

★ 웹 크롤링(web crawling)
조직적이고 자동화된 방법으로 월드 와이드 웹을 탐색하는 프로그램을 웹 크롤러라고 하는데, 이 방법을 통해 웹 페이지에 담겨 있는 데이터를 수집할 수 있다. 웹에 존재하는 데이터 중 뉴스 댓글, 상품평, 인터넷 커뮤니티에 생성된 게시 글, SNS 활동에 의해 생산된 데이터 등이 주로 웹 크롤링의 대상이 된다.

문제 해결하기 활동①

✅ 우리나라 전체와 수도권(서울, 인천, 경기)의 인구 변화를 확인할 수 있는 데이터를 이용하여 엔트리로 수도권의 인구 비율 증가 현황을 알아보자.

(배경 지식) ●엔트리의 '데이터 분석' 기능

엔트리에서 [데이터분석]을 클릭하고, [테이블 불러오기] → [테이블 추가하기] → [테이블 선택]을 클릭하면 주제별로 여러 개의 데이터 세트(테이블)가 나온다.

문제 해결에 필요한 테이블을 선택한 후 [추가하기]를 누르면 엔트리의 데이터 분석 기능을 이용하여 다양한 분석 작업을 수행할 수 있다.

1 1990년의 수도권 인구 비율을 확인해 보자.

2 총인구 데이터와 시도별 인구 데이터를 이용하여 언제 처음으로 수도권 인구가 전체 인구의 49% 이상이 되었는지 확인해 보자.

 해설

1 1990년의 수도권 인구 비율을 확인하는 과정은 다음과 같다.

 해결 방법

❶ 엔트리 홈페이지(playentry.org)에 접속하여 로그인 한다.

❷ 만들기 ─ 작품 만들기 메뉴로 이동한 후 데이터분석 ─ 테이블 불러오기 를 선택한다.

❸ 테이블 추가하기 ─ 테이블 선택 을 클릭한 상태에서 '시도별 인구'와 '총인구'를 선택하고 추가하기 를 클릭한다.

❹ 총인구 테이블은 아래 그림처럼 연도, 총인구, 남자, 여자 항목의 데이터로 구성되어 있고, 시도별 인구 테이블은 연도별로 전국 각 시도의 데이터로 구성되어 있다. 이때 연도의 범위는 1990년부터 2019년이고, 순서대로 되어 있음을 확인할 수 있다.

🔺 총인구 테이블

🔺 시도별 인구 테이블

❺ 1990년의 수도권 인구의 비율을 구하려면 해당 연도의 서울, 인천, 경기의 인구 합을 총인구로 나누고 100을 곱하면 된다. 이를 구하기 위해 [? 자료] – [변수 만들기] 를 클릭하고, '수도권인구'와 '수도권비율'이 라는 변수를 생성한다.

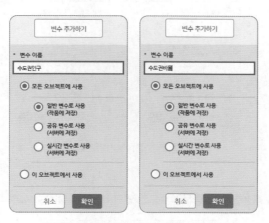

🔺 변수 생성하기(수도권인구, 수도권비율)

❻ 다음과 같이 코드를 작성한 후 실행하면 처음으로 1990년의 수도권 인구 비율을 구할 수 있다.

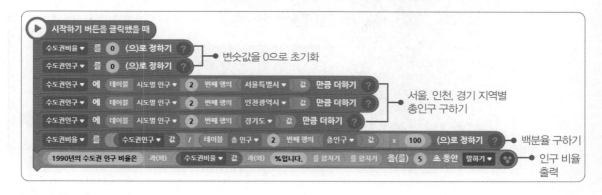

(예시 답안) 42.79%

2 총인구 데이터와 시도별 인구 데이터를 이용하여 언제 처음으로 수도권 인구가 전체 인구의 49% 이상이 되었는지 확인하는 과정은 다음과 같다.

(해결 방법)

❶ 연도별로 수도권 인구 비율을 구하기 위해 모든 행의 값을 확인해야 한다. [? 자료] – [변수 만들기] 를 클릭 하고, '행번호'와 '연도' 변수를 추가 생성한다.

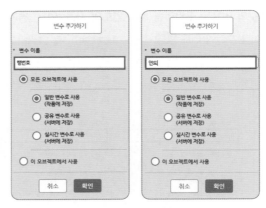

◎ 변수 생성하기행번호, 연도)

❷ 다음과 같이 코드를 작성한 후 실행하면 수도권 인구 비율이 처음으로 49% 이상이 된 연도가 출력된다.

```
시작하기 버튼을 클릭했을 때
행번호▼ 를 2 (으)로 정하기 ?
수도권비율▼ 를 0 (으)로 정하기 ?
수도권비율▼ 값 < 49 인 동안▼ 반복하기          ──── 수도권 인구 비율이 49% 미만일 때까지 반복하기 ●
    수도권인구▼ 를 0 (으)로 정하기 ?
    연도▼ 를 테이블 총 인구▼ 행번호▼ 값 번째 행의 연도▼ 값 (으)로 정하기 ?
    수도권인구▼ 에 테이블 시도별 인구▼ 행번호▼ 값 번째 행의 서울특별시▼ 값 만큼 더하기 ?
    수도권인구▼ 에 테이블 시도별 인구▼ 행번호▼ 값 번째 행의 인천광역시▼ 값 만큼 더하기 ?
    수도권인구▼ 에 테이블 시도별 인구▼ 행번호▼ 값 번째 행의 경기도▼ 값 만큼 더하기 ?
    수도권비율▼ 를 수도권인구▼ 값 / 테이블 총 인구▼ 행번호▼ 값 번째 행의 총인구▼ 값 x 100 (으)로 정하기 ?
    행번호▼ 에 1 만큼 더하기 ?
수도권 인구비율이 처음 49% 이상이 된 연도는 과(와) 연도▼ 값 과(와) 년 입니다. 을 합치기 를 합치기 을(를) 2 초 동안 말하기▼ 🙂
```

예시 답안 2008년

문제 해결하기 활동②

✅ 수도권에 인구가 집중되는 현상에는 여러 가지 원인이 있을 것이다. 다음과 같은 가설을 세우고, 이를 뒷받침하는 데이터를 수집하여 가설이 타당한지 판단해 보자.

> **가설** 수도권에 문화 기반 시설이 집중되어 있어 수도권의 인구가 늘어나는 것이다.
>
> ⟨조건⟩ 공공 데이터 포털에서 데이터 세트 검색하기

1 전국의 공공 도서관 현황에 대한 데이터를 검색한 후 내려받아 보자.

2 이번에는 전국의 등록 공연장 현황에 대한 데이터를 검색하고 내려받아 보자.

○ 공공 데이터 포털(http://data.go.kr)에 접속한 후 검색어를 입력하면, 다양한 데이터 세트를 찾아 활용할 수 있다.

3 내려받은 데이터를 기반으로 수도권과 비수도권의 공공 도서관과 등록 공연장의 개수를 구해 다음 표를 완성해 보자.

구분	공공 도서관		등록 공연장	
	개수(개)	비율(%)	개수(개)	비율(%)
수도권				
비수도권				
계				

4 수도권과 비수도권의 인구 및 면적이 다음 표와 같을 때, 수도권 인구 집중의 원인을 공공 도서관과 등록 공연장의 개수에서 찾은 가설이 타당한지 판단해 보자.

구분	인구		면적	
	값(천 명)	비율(%)	값(km²)	비율(%)
수도권	26,037	50.2	12,685	12.6
비수도권	25,830	49.8	88,005	87.4
계	51,867	100	100,690	100

〈출처〉 e-나라지표, https://www.index.go.kr/potal/main/EachDtlPageDetail.do?idx_cd=2729

 해설

1 공공 데이터 포털에서 전국의 공공 도서관 현황에 대한 데이터를 검색한 후 내려받는 과정은 다음과 같다.

해결 방법

❶ 공공 데이터 포털(http://data.go.kr)에 접속한 후 검색어를 '전국 공공도서관'으로 입력하여 검색한다.

❷ 검색된 데이터 중에서 '문화체육관광부_전국공공도서관 통계' 데이터의 [다운로드]를 클릭하여 파일을 내려받는다.

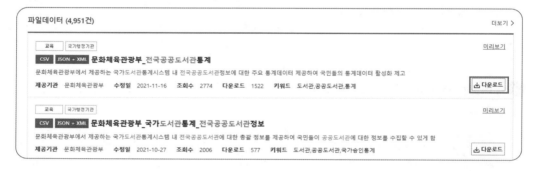

2 이번에는 전국의 등록 공연장 현황에 대한 데이터를 검색한 후 내려받는 과정은 다음과 같다.

해결 방법

❶ **1**번과 마찬가지로 검색어를 '전국 등록공연장'으로 입력하여 검색한다.

❷ 검색된 데이터 중에서 '문화체육관광부_전국 등록공연장 현황' 데이터의 [바로가기]를 클릭하여 문화체육관광부 홈페이지로 이동한다.

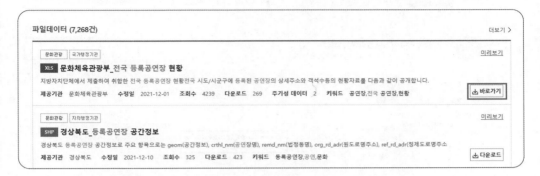

❸ '★★★2020 등록공연장 현황(공지).xlsx'를 클릭하여 파일을 내려받는다.

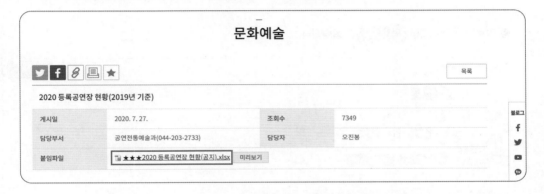

※ ㈜삼양미디어 홈페이지(www.samyangm.com)에서 [도서 Mall]을 선택한 후, [고객센터]-[자료실]-'우리학교 인공지능 수업 소스파일'에서도 해당 파일을 내려받을 수 있다.

3 내려받은 데이터를 기반으로 수도권과 비수도권의 공공 도서관과 등록 공연장의 개수를 구해 다음 표를 완성하는 과정은 다음과 같다.

해결 방법

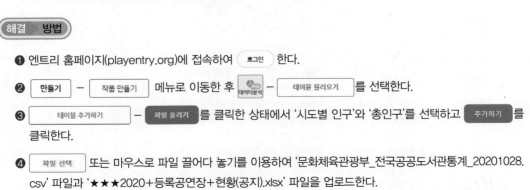

❶ 엔트리 홈페이지(playentry.org)에 접속하여 로그인 한다.

❷ 만들기 - 작품 만들기 메뉴로 이동한 후 데이터분석 - 테이블 불러오기 를 선택한다.

❸ 테이블 추가하기 - 파일 올리기 를 클릭한 상태에서 '시도별 인구'와 '총인구'를 선택하고 추가하기 를 클릭한다.

❹ 파일 선택 또는 마우스로 파일 끌어다 놓기를 이용하여 '문화체육관광부_전국공공도서관통계_20201028.csv' 파일과 '★★★2020+등록공연장+현황(공지).xlsx' 파일을 업로드한다.

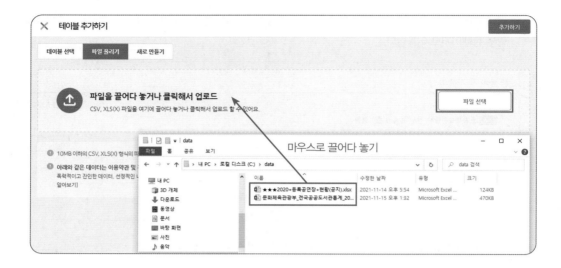

❸ 업로드가 완료되면 <추가하기> 를 클릭한다.

❹ '★★★2020+등록공연장+현황(공지).xlsx' 파일의 테이블 내용을 살펴보면 처음 2개 행이 필요 없는 데이 터이다. 1행과 2행의 행 번호에 마우스를 위치시키고, 마우스 오른쪽 버튼을 클릭해서 행 삭제를 선택한다.

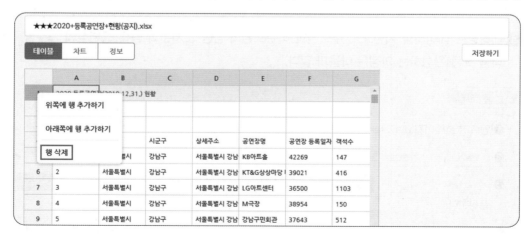

❺ <적용하기> 를 클릭하여 데이터를 사용할 수 있도록 한다.

❻ 다음과 같이 엔트리 코드를 작성하여 수도권과 비수도권의 공공 도서관의 개수를 구하고, 비율을 계산한다.

❼ 다음과 같이 엔트리 코드를 작성하여 수도권과 비수도권의 등록 공연장의 개수를 구하고, 비율을 계산한다.

❽ 프로그램 실행 결과를 참고하여 다음과 같이 표를 완성한다.

(예시) 답안

구분	공공 도서관		등록 공연장	
	개수(개)	비율(%)	개수(개)	비율(%)
수도권	2,194	43.39	583	52.95
비수도권	2,862	56.61	518	47.05
계	5,056	100	1,101	100

4 수도권과 비수도권의 인구 및 면적이 다음 표와 같을 때 수도권 인구 집중의 원인을 공공 도서관과 등록 공연장의 개수에서 찾은 가설이 타당한지 판단하는 과정은 다음과 같다.

구분	인구		면적	
	값(천 명)	비율(%)	값(km²)	비율(%)
수도권	26,037	50.2	12,685	12.6
비수도권	25,830	49.8	88,005	87.4
계	51,867	100	100,690	100

예시 답안

도서관의 경우 전국 면적의 12.6% 정도인 수도권에 전국 도서관의 약 43%가 있음을 확인할 수 있고, 등록 공연장의 경우 전국 등록 공연장의 약 53%가 수도권에 있음을 알 수 있다. 따라서 가설이 어느 정도는 타당하다고 볼 수 있다. 단, 다른 여러 가지 원인이 있을 수 있기 때문에 반드시 문화 기반 시설 때문이라고 단정할 수는 없으며, 인구가 많기 때문에 문화 기반 시설이 많이 세워졌을 수도 있음에 유의해야 한다.

수도권 인구 집중의 원인과 관련한 데이터 수집 및 분석 활동을 통해 새롭게 알게 된 내용을 친구들과 이야기해 보자.

또 가정, 학교 등 일상생활에서 데이터 수집 및 분석을 어떤 곳에 활용할 수 있을지 생각해 보자.

하나 더 알기

1 '너무 큰 테이블' 창이 표시될 경우는?

오른쪽 그림처럼 '너무 큰 테이블' 창이 표시되면 [확인]을 클릭한다. 엔트리에서 직접 편집을 하지는 못하지만 엔트리 코드를 통해 데이터를 처리할 수 있다.

2 다음 예처럼 한글이 제대로 표시되지 않을 때 해결 방법을 찾아보자.

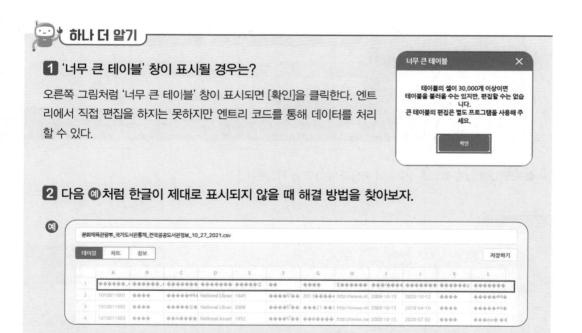

위 상황은 업로드한 파일과 엔트리 웹 사이트의 한글 코드 체계가 잘 맞지 않아 발생하는 문제이다. 구글 스프레드시트 문서로 파일을 한 번 열었다가 다시 내려받아서 업로드하면 해결된다. 다음 과정을 따라해 보자.

❶ 구글 드라이브 사이트(https://drive.google.com/drive/my-drive)에 접속하여 구글 계정으로 로그인한다.

❷ [새로 만들기]를 클릭하고, [google 스프레드시트]-[빈 스프레드시트]를 선택한다.

❸ [파일]-[열기] 또는 [파일]-[가져오기]를 클릭하고, [업로드] 탭을 누른 다음 데이터 파일을 마우스로 끌어다 놓는다.

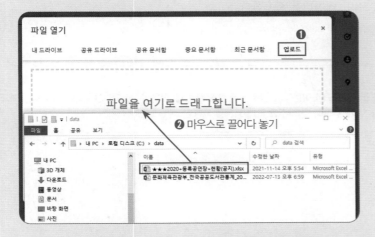

❹ [파일]-[다운로드]-[쉼표로 구분된 값(.csv)]을 선택하여 파일을 내려받는다.

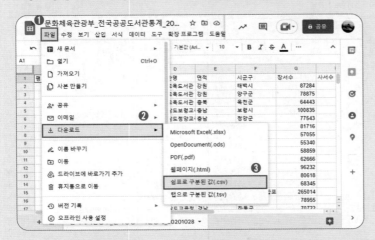

❺ 내려받은 파일을 다시 엔트리로 업로드하면 한글 표시 문제가 해결된 것을 확인할 수 있다.

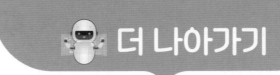
더 나아가기

☑ 우리나라는 인구 고령화 현상이 심각하게 진행 중이다. 은지는 지역별 인구 고령화 정도가 궁금해졌다. 전국 시도의 고령 인구 비율 데이터를 찾아 고령화가 가장 심각한 지역과 덜 심각한 지역을 찾아보자.

1 '고령 인구 비율'을 보여 주는 데이터를 검색하여 찾아보면 다음과 같다.

(해결 방법)

검색 엔진에서 '지역별 고령 인구'라는 검색어로 검색하면 다양한 데이터를 찾을 수 있다. 여기서는 다음 링크의 국가통계포털(KOSIS)* 데이터를 사용한다.

※ **사이트 주소:** https://kosis.kr/statHtml/statHtml.do?orgId=101&tblId=DT_1YL20631&conn_path=I2

★ **국가통계포털(KOSIS)**
국내·국제·북한의 주요 통계를 한 곳에 모아 이용자가 원하는 통계를 한 번에 찾을 수 있도록 통계청이 제공하는 통계 서비스이다. 경제·사회·환경 등 30개 분야에 걸쳐 주요 국내 통계를 제공한다.

(예시 답안)

1) **고령인구비율(시도/시/군/구)**

◉ 수록기간: 월, 년 2000 ~ 2022.06 / 자료갱신일: 2022-07-06 / [📋주석정보]

[⏱ 시점] [📊 증감(증감률)] [🔁 행렬전환] [🔳 열고정해제]　　　　　　　　　　　[🔲 새 탭 열기] [📋

2) 행정구역별(1)	2022.02			2022.03		
	고령인구비율 (A÷B×100) (%)	65세이상인구 (A) (명)	전체인구 (B) (명)	고령인구비율 (A÷B×100) (%)	65세이상인구 (A) (명)	전체인구 (B) (명)
전국	17.3	8,943,147	51,625,561	17.4	8,983,296	51,610,695
서울특별시	17.0	1,612,600	9,508,451	17.0	1,619,507	9,506,778
부산광역시	20.6	688,772	3,347,396	20.7	691,489	3,343,504
대구광역시	17.7	421,390	2,381,095	17.8	423,030	2,380,494
인천광역시	15.0	441,186	2,950,978	15.0	443,849	2,952,699
광주광역시	14.9	215,015	1,440,032	15.0	215,662	1,438,463
대전광역시	15.4	223,655	1,450,862	15.5	224,785	1,450,057
울산광역시	13.9	155,155	1,119,446	14.0	156,120	1,118,010
세종특별자치시	10.1	38,076	376,399	10.2	38,330	377,296
경기도	14.0	1,905,264	13,574,369	14.1	1,915,723	13,575,936
강원도	21.9	336,922	1,539,051	22.0	338,655	1,539,036
충청북도	19.1	305,064	1,597,022	19.2	306,655	1,597,484
충청남도	20.0	423,693	2,118,912	20.1	425,400	2,119,099
전라북도	22.4	400,276	1,783,923	22.5	401,290	1,782,205
전라남도	24.4	447,738	1,831,451	24.5	448,807	1,829,501
경상북도	22.9	601,680	2,622,026	23.1	604,182	2,619,641
경상남도	18.6	615,022	3,307,005	18.7	617,827	3,303,274
제주특별자치도	16.5	111,639	677,143	16.5	111,985	677,218

2 수도권과 수도권이 아닌 지역의 고령 인구 비율을 비교하는 과정은 다음과 같다.

해결 방법

❶ 화면에서 서울, 인천, 경기의 전체 인구와 65세 이상 인구의 합을 구하고, 수도권의 고령 인구 비율을 계산한다(2022년 2월 통계 자료 기준).

- **수도권의 전체 인구(명):** 9,508,451 + 2,950,978 + 13,574,369 = 26,033,798
- **수도권의 65세 이상 인구(명):** 1,612,600 + 441,186 + 1,905,264 = 3,959,050
- **수도권의 고령 인구 비율(%):** 3,959,050 ÷ 26,033,798 × 100 = 15.20

❷ 전체 인구와 전체 고령 인구에서 수도권 데이터를 빼면 수도권이 아닌 지역의 고령 인구 비율을 계산할 수 있다.

- **수도권 아닌 지역의 전체 인구(명):** 51,625,561 − 26,033,798 = 25,591,763
- **수도권이 아닌 지역의 65세 이상 인구(명):** 8,943,147 − 3,959,050 = 4,984,097
- **수도권이 아닌 지역의 고령 인구 비율(%):** 4,984,097 ÷ 25,591,763 × 100 = 19.47

예시 답안

- **수도권의 고령 인구 비율:** 15.20%
- **수도권이 아닌 지역의 고령 인구 비율:** 19.47%

따라서 수도권이 아닌 지역의 고령화가 수도권보다 더 심각하다.

3 고령화가 가장 심각한 지역과 가장 덜 심각한 지역을 찾아 고령 인구 비율을 확인해 보면 다음과 같다.

예시 답안

- **가장 심각한 지역:** 전라남도(24.4%)
- **가장 덜 심각한 지역:** 세종특별자치시(10.1%)

세종특별자치시와 전라남도의 고령 인구 비율은 무려 14.3%나 차이가 나서 지역별 편차가 매우 큼을 확인할 수 있다.

이 결과는 2022년 2월 기준의 데이터로 계산된 것이며, 통계 자료의 기준 시점에 따라 결과가 달라질 수 있어요.

03 사과 상태를 확인하고 사과를 분류해 볼까?

핵심 개념 사과 이미지 분류 모델 만들기

학습 목표 사과 이미지 분류 모델을 생성하고, 이를 활용하여 문제를 해결할 수 있다.

인공지능 마스크 인식기가 사람의 얼굴 이미지를 인식하여 마스크 착용 여부를 '예', '아니요'로 분류할 수 있는 것은 사전에 수많은 이미지 데이터를 학습했기 때문이다. 이때 인공지능에 입력된 이미지 데이터가 어떤 종류에 해당하는지를 예측하는 모델을 '이미지 분류 모델'이라고 한다.

✅ 우리 주변에서 분류 모델을 이용하여 해결할 수 있는 문제로는 어떤 것이 있을까?

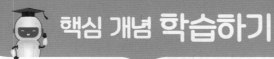
1 분류 모델

길을 걷다가 예쁜 꽃을 봤을 때 그 이름이 궁금할 때가 있다. 이럴 때 꽃 사진을 찍기만 하면 몇 초 안에 인공지능이 꽃 이름을 알려 주는 꽃 검색 서비스가 있다. 이 서비스는 딥러닝을 활용한 이미지 인식 기술에 기반하고 있는데, 이미지 속 꽃이 어떤 품종에 속하는지 분류해 준다.

국내에 주로 서식하는 500여 가지의 꽃 품종에 대한 꽃 이미지를 수집하여 10만 장 이상의 꽃 품종 데이터 세트를 구축하고, 인공지능이 이를 학습하여 꽃 품종을 분류하는 모델을 만든 것이다. 다음(Daum) 앱 검색창에서 [특수 검색]-[꽃검색]을 선택한 후, 꽃을 촬영하여 이미지를 입력하면 꽃 이름을 확인할 수 있다.

🔵 꽃 정면을 프레임에 맞춰서 촬영　　　🔵 꽃 모양을 인식한 후, 검색 결과 확인 가능

〈사진 출처〉 http://magazine.channel.daum.net/daumapp_notice/search_flower

'장미' 이미지를 입력받으면 이미 학습된 품종 분류에 따라 '장미'라는 결과를 출력하는 것처럼 데이터가 어떤 클래스*(레이블)에 해당하는지를 찾아내는 모델을 '분류 모델'이라고 한다. 분류 모델은 훈련 데이터를 바탕으로 지도학습을 통해 생성된다.

★ 클래스: 분류 모델을 생성할 때 사용하는 훈련 데이터의 종류를 나타낸다. 클래스는 최소 2개 이상 존재하며, 클래스 이름을 레이블(label)이라고 부르기도 한다.

2 인공지능을 활용한 문제 해결 단계

인공지능을 활용하여 문제를 해결할 때는 크게 모델 설계하기, 모델 구현하기, 모델 활용하기로 나누고 단계적으로 문제를 해결하는 것이 효율적이다. 이때 문제 상황에 따라 각 단계를 모두 거쳐야 할 수도 있지만, 일부 순서를 변경하거나 단계를 제외할 수도 있다.

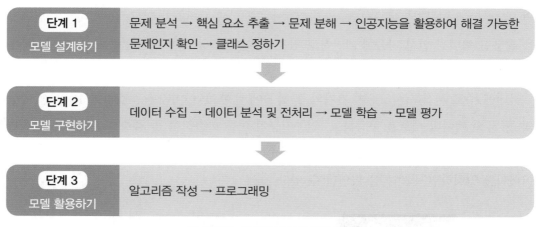

단계 1 모델 설계하기	문제 분석 → 핵심 요소 추출 → 문제 분해 → 인공지능을 활용하여 해결 가능한 문제인지 확인 → 클래스 정하기
단계 2 모델 구현하기	데이터 수집 → 데이터 분석 및 전처리 → 모델 학습 → 모델 평가
단계 3 모델 활용하기	알고리즘 작성 → 프로그래밍

🔺 인공지능을 활용한 문제 해결 단계

예제 다음 문제 상황을 읽고, 인공지능을 활용하여 마스크 착용 여부를 알리는 프로그램을 만들기 위한 문제 해결 과정을 단계별로 살펴보자.

[문제 상황] 호흡기를 통한 감염병이 확산되고 있는 상황에서 바이러스 전파를 막기 위해 마스크 착용 여부를 판단하는 인공지능 프로그램이 필요하다. 사람의 얼굴을 인식하여 마스크 착용 여부를 확인하고, 착용 여부에 따라 알림이 나오는 프로그램을 만들어 보자.

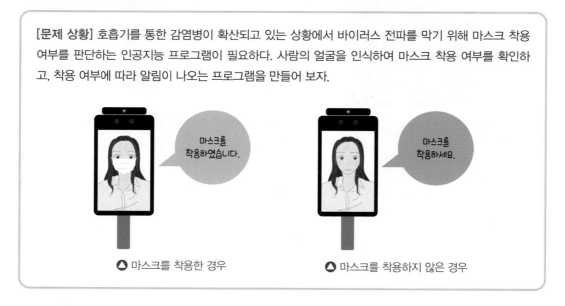

🔺 마스크를 착용한 경우   🔺 마스크를 착용하지 않은 경우

단계1 **모델 설계하기**

❶ **문제 분석:** 문제 상황을 분석하여 현재 상태와 목표 상태를 작성한다.

> • **현재 상태:** 마스크 착용 여부가 확인되지 않은 상태
> • **목표 상태:** 마스크 착용, 마스크 미착용을 분류하여 알림을 통해 결과를 알리는 상태

❷ **핵심 요소 추출:** 핵심 요소를 추출한다.

> 마스크 착용에 따른 알림 프로그램 만들기

❸ **문제 분해:** 큰 문제를 작은 단위의 문제로 분해하여 수행 작업을 명확하게 표현한다.

> • **수행 작업①:** 마스크 착용 여부 분류하기
> • **수행 작업②:** 분류된 결과에 따라 알림 출력하기

❹ **인공지능을 활용하여 해결 가능한 문제인지 확인:** 이 문제가 인공지능을 활용하여 해결 가능한 문제인지 확인한 후, 어떤 방법을 활용하여 해결할 수 있을지 생각해 본다.

> Q 인공지능을 활용하여 마스크 착용/미착용 여부를 분류할 수 있을까?
>
> A 분류 모델을 활용하면 가능하다. 왜냐하면 마스크 착용, 마스크 미착용에 대한 이미지 데이터와 데이터에 대한 정답이 존재하므로 특성에 따라 각각의 클래스로 분류할 수 있다. 이를 바탕으로 마스크 착용, 마스크 미착용을 나타내는 이미지 규칙을 발견하도록 충분한 양의 질 좋은 데이터를 준비한다면 분류 모델을 만들 수 있을 것이다.

❺ **클래스 정하기:** 분류 모델을 생성하기 위해 어떤 종류의 클래스를 만들어 학습시킬지 정한다.

> • **클래스:** 마스크 착용, 마스크 미착용(2개의 클래스 지정)

단계2 **모델 구현하기**

❶ **데이터 수집:** 인공지능 모델 학습에 사용할 데이터를 수집한다. 데이터는 인터넷 검색을 통해 수집하거나 직접 데이터를 생성할 수도 있다.

> 마스크 착용/미착용 두 종류의 이미지 데이터를 직접 촬영하거나, 인터넷 검색을 통해 수집한다.

❷ **데이터 분석 및 전처리:** 수집한 데이터의 속성을 분석하고, 전처리*를 한다.

> 수집한 이미지 데이터에서 마스크 착용 여부를 확인할 수 있는 부분 외에 불필요한 부분이 있다면, 그 부분을 제거하여 모델 학습에 영향을 미치지 않도록 한다. 또한 수집한 데이터는 7:3 비율, 즉 훈련 데이터 7, 테스트 데이터 3으로 나누어 활용하도록 한다.

★ 데이터 전처리란 수집한 데이터를 기계학습에 적합한 형태로 정제하는 과정을 말한다. 특히 전처리는 데이터의 결측치*
및 이상치*를 확인하거나 제거하고, 불일치되는 부분을 일관성 있는 데이터의 형태로 전환하는 전 과정을 말한다.
★ **결측치:** 데이터가 존재하지 않는 상태 또는 데이터가 빠진 상태를 말한다.
★ **이상치:** 중심에서 비정상적으로 벗어난 값 또는 특이한 값을 말한다.

❸ **모델 학습:** 인공지능 모델을 결정하고, 훈련 데이터를 활용하여 모델을 학습시킨다.

> 수집한 마스크 착용, 미착용 훈련 데이터를 활용하여 이미지 분류 모델을 학습시킨다.

❹ **모델 평가:** 테스트 데이터를 활용하여 모델의 성능을 평가한다.

> 이번에는 테스트 데이터를 활용하여 학습시킨 마스크 착용 이미지 분류 모델의 정확도를 확인한다. 만일 정확도가 낮다면 훈련 데이터를 다시 수집하거나 모델 학습을 다시 수행하여 성능을 높일 수 있도록 한다.

단계3 모델 활용하기

❶ **알고리즘 작성*:** 인공지능 모델을 프로그래밍하기 위한 알고리즘을 작성한다.

> 앞에서 생성한 마스크 착용 이미지 분류 모델을 활용하는 알고리즘을 작성한다.

★ 알고리즘이란 문제를 해결하기 위한 방법이나 절차, 순서를 의미한다. 알고리즘을 표현하는 방법으로는 일상적인 말로 표현하는 자연어, 프로그래밍 언어의 문법의 형태와 유사하게 표현하는 의사코드, 도형과 화살표로 표현하는 순서도 등이 있다.

❷ **프로그래밍:** 작성한 알고리즘을 바탕으로 프로그래밍하여 프로그램을 완성한다.

> 작성한 알고리즘을 바탕으로 마스크 착용 여부를 알리는 프로그램을 작성한다. 프로그램은 사람의 얼굴을 인식하여 마스크 착용 여부를 확인하고, 착용 여부에 따라 "마스크를 착용하였습니다." 또는 "마스크를 착용하세요."와 같은 말이 나오도록 한다.

문제 해결하기 _{활동}

✓ 이미지 분류를 활용하여 주어진 문제 상황을 해결해 보자.

> [문제 상황] 사과 농장을 하는 철이네 가족은 수확한 사과를 판매하기 위해 품질에 따라 예쁜 사과와 흠집 사과로 분류하는 데 많은 시간을 보내고 있다. 일의 효율성을 높이기 위해 사과를 분류하는 인공지능 분류 모델을 만들면 어떨까?

분류란 데이터가 어떤 종류(범주)에 해당하는지를 찾아내는 것을 말한다. 예를 들어, 여러 종류의 과일 그림이 분류 모델에 입력되었을 때 사과, 딸기, 바나나 등의 종류로 분류하는 것이다.

단계1 모델 설계하기

❶ **문제 분석:** 문제 상황을 분석하여 현재 상태와 목표 상태를 작성한다.

> • 현재 상태:
> • 목표 상태:

❷ **핵심 요소 추출:** 핵심 요소를 추출한다.

❸ **문제 분해:** 큰 문제를 작은 단위의 문제로 분해하여 수행 작업을 명확하게 표현한다.

❹ **인공지능을 활용하여 해결 가능한 문제인지 확인:** 이 문제가 인공지능을 활용하여 해결 가능한 문제인지 확인한 후, 어떤 방법을 활용하여 해결할 수 있을지 생각해 본다.

❺ 클래스 정하기: 분류 모델을 생성하기 위해 어떤 종류의 클래스를 만들어 학습시킬지 정한다.

> • 클래스:

모델 구현하기

❶ 데이터 수집: 인공지능 모델 학습에 사용할 데이터를 수집한다.

❷ 데이터 분석 및 전처리: 수집한 데이터의 속성을 분석하고, 전처리를 한다.

❸ 모델 학습: 인공지능 모델을 결정하고, 훈련 데이터를 활용하여 모델을 학습시킨다.

❹ 모델 평가: 테스트 데이터를 활용하여 모델의 성능을 평가한다.

> • 테스트 횟수:
>
> • 정답 횟수:
>
> • 정확도(%):

❶ 알고리즘 작성: 인공지능 모델을 프로그래밍하기 위한 알고리즘을 작성한다.

[프로그램 알고리즘]

1.

2.

3.

4.

5.

6.

7

8.

9.

10.

❷ 프로그래밍: 작성한 알고리즘을 바탕으로 프로그래밍하여 프로그램을 완성한다.

✅ 이미지 분류를 활용하여 159쪽에서 제시한 문제 상황을 해결하는 과정은 다음과 같다.

단계1 **모델 설계하기**

❶ **문제 분석:** 문제 상황을 분석하여 현재 상태와 목표 상태를 작성한다.

> • **현재 상태:** 판매하기 위해 수확한 사과
> • **목표 상태:** 품질에 따라 예쁜 사과와 흠집 사과로 분류

❷ **핵심 요소 추출:** 핵심 요소를 추출한다.

> 사과의 상태에 따른 분류 프로그램 만들기

❸ **문제 분해:** 큰 문제를 작은 단위의 문제로 분해하여 수행 작업을 명확하게 표현한다.

> • **수행 작업①:** 사과의 상태에 따라 예쁜 사과와 흠집 사과로 분류하기
>
> • **수행 작업①:** 분류된 결과에 따라 알림 출력하기

❹ **인공지능을 활용하여 해결 가능한 문제인지 확인:** 이 문제가 인공지능을 활용하여 해결 가능한 문제인지 확인한 후, 어떤 방법을 활용하여 해결할 수 있을지 생각해 본다.

> 분류 모델을 활용하면 가능하다. 왜냐하면 예쁜 사과, 흠집 사과에 대한 이미지 데이터와 데이터에 대한 정답이 존재하여 각각의 클래스로 분류할 수 있기 때문이다.

❺ **클래스 정하기:** 분류 모델을 생성하기 위해 어떤 종류의 클래스를 만들어 학습시킬지 정한다.

> • **클래스:** 예쁜 사과, 흠집 사과(2개의 클래스로 분류 가능)

단계2 **모델 구현하기**

❶ **데이터 수집:** 인터넷 검색을 통해 예쁜 사과와 흠집 사과 이미지를 각각 12개씩 수집하여 컴퓨터에 폴더를 만들어 폴더별로 저장한다.

[모델 학습에 필요한 데이터]

🔺 예쁜 사과   🔺 흠집 사과

★ 각 데이터의 개수는 12개보다 더 많아도 좋다. 일반적으로 학습에 활용하는 데이터의 수가 많아지면 모델의 정확도 또한 높아진다.

※ 사과 이미지를 수집하지 못하였다면, ㈜삼양미디어 홈페이지(www.samyangm.com)에서 [도서 Mall]을 선택한 후, [고객센터]–[자료실]–'우리학교 인공지능 수업 소스파일'에서 '사과이미지' 파일을 내려받을 수 있다.

❷ **데이터 분석 및 전처리:** 수집한 데이터의 속성을 분석하고, 전처리를 한다.

수집한 데이터는 사과의 모양, 색, 흠집 여부라는 속성을 가지고 있다. 수집한 데이터를 대략 7:3의 비율, 훈련 데이터 8개와 테스트 데이터 4개로 나눈다.

❸ **모델 학습:** 인공지능 모델을 결정하고, 훈련 데이터를 활용하여 모델을 학습시킨다.

① 엔트리 홈페이지(playentry.org)에 접속하여 로그인 한다.

② 만들기 – 작품 만들기 메뉴로 이동한 후 인공지능 – 인공지능 모델 학습하기 를 선택한다.

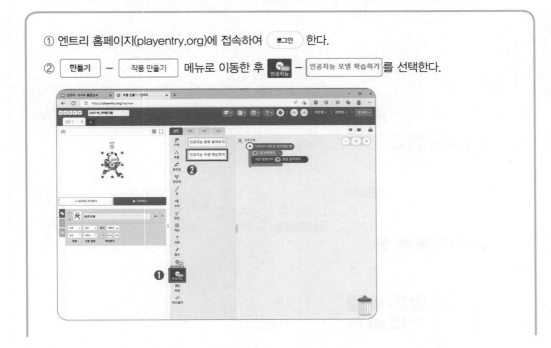

③ [분류: 이미지]를 선택한다. (생성할 분류 모델의 종류를 선택한다.)

④ 모델의 이름(사과 분류기)과 클래스의 이름(예쁜 사과, 흠집 사과)을 입력한다.

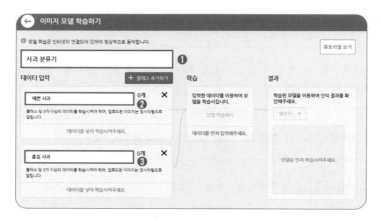

⑤ 업로드 ▾ - ⬆️ 를 클릭한다. 각각의 클래스에 해당하는 이미지(훈련 데이터)를 8개씩 업로드한다. (각 클래스에서 수집한 12개의 데이터 중 8개는 훈련 데이터, 4개는 테스트 데이터로 사용한다.)

⑥ [모델 학습하기] 를 클릭하여 분류 모델을 학습시킨다.

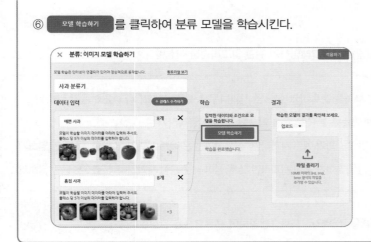

❹ **모델 평가:** 테스트 데이터를 활용하여 모델의 성능을 확인한다.

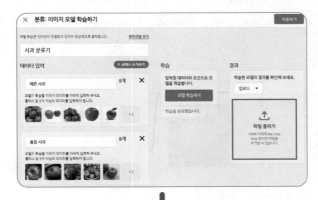

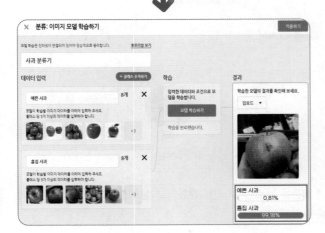

- 테스트 횟수: 6
- 정답 횟수: 5
- 정확도(%): 83.3%

★ 정확도는 정답 횟수를 테스트 횟수로 나누어 계산한다.

단계3 **모델 활용하기**

❶ **알고리즘 작성:** 인공지능 모델을 프로그래밍하기 위한 알고리즘을 작성한다.

---

1. [알프스 목동 오브젝트] "사과를 분류하고 싶으면 사과나무를 클릭하세요!"라고 2초 동안 말하기

2. [사과나무 오브젝트] 오브젝트를 클릭했을 때 학습한 모델로 인식하기

3. [사과나무 오브젝트] 만일 인식 결과가 예쁜 사과라면 "상품성이 높은 예쁜 사과입니다."를 2초 동안 말하기

4. [사과나무 오브젝트] 만일 인식 결과가 흠집 사과라면 "상품성이 낮은 흠집 사과입니다."를 2초 동안 말하기

---

❷ **프로그래밍:** 작성한 알고리즘을 바탕으로 프로그래밍하여 프로그램을 완성한다.

---

① 모델 학습을 마친 후 적용하기 를 클릭한다.

② 알프스 목동, 사과나무, 들판 오브젝트를 추가한다.

③ [알프스 목동 오브젝트]: 시작하기 버튼을 누르면 "사과를 분류하고 싶으면 사과나무를 클릭하세요!"라는 말을 2초간 말하도록 블록을 찾아 연결한다.

---

④ [사과나무 오브젝트]: 오브젝트를 클릭했을 때 학습한 모델을 활용하여 테스트 데이터의 분류한 결과를 말하도록 블록을 찾아 연결한다.

● 완성된 프로그램

⑤ 완성된 프로그램을 실행한 후 사과나무를 클릭하면 생성되는 데이터 입력 창에 테스트 데이터를 업로드하고 추가하기 를 누른다.

⑥ 분류 결과를 확인한다.

사과 분류 프로젝트 활동을 통해 새롭게 알게 된 내용을 친구들과 이야기해 보자.

또 가정, 학교 등 일상생활에서 이미지 분류 모델을 활용하여 어떤 작품을 만들 수 있을지 생각해 보자.

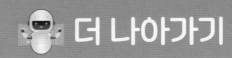
더 나아가기

☑ 이미지 분류, 소리 분류, 텍스트 분류를 활용하여 해결할 수 있는 새로운 문제 상황을 설정하고, 다음 절차에 따라 분류 모델을 생성하고, 프로그램을 작성해 보자.

[문제 상황]

★ 소리 분류나 텍스트 분류도 이미지 분류 모델을 생성하는 과정과 같은 절차로 이루어진다. 단, 이미지 대신 각각 소리와 텍스트를 사용한다는 차이점이 있다.

단계1 모델 활용하기

❶ **문제 분석:** 문제 상황을 분석하여 현재 상태와 목표 상태를 작성한다.

• 현재 상태:
• 목표 상태:

❷ **핵심 요소 추출:** 핵심 요소를 추출한다.

❸ **문제 분해:** 큰 문제를 작은 단위의 문제로 분해하여 수행 작업을 명확하게 표현한다.

❹ **인공지능을 활용하여 해결 가능한 문제인지 확인:** 이 문제가 인공지능을 활용하여 해결 가능한 문제인지 확인한 후, 어떤 방법을 활용하여 해결할 수 있을지 생각해 본다.

❺ **클래스 정하기:** 분류 모델을 생성하기 위해 어떤 종류의 클래스를 만들어 학습시킬지 정한다.

단계2 모델 구현하기

❶ **데이터 수집**: 인공지능 모델 학습에 사용할 데이터를 수집한다.

❷ **데이터 분석 및 전처리**: 수집한 데이터의 속성을 분석하고, 전처리를 한다.

❸ **모델 학습**: 인공지능 모델을 결정하고, 훈련 데이터를 활용하여 모델을 학습시킨다.

❹ **모델 평가**: 테스트 데이터를 활용하여 모델의 성능을 평가한다.

- 테스트 횟수:
- 정답 횟수:
- 정확도(%):

단계3 모델 활용하기

❶ **알고리즘 작성**: 인공지능 모델을 프로그래밍하기 위한 알고리즘을 작성한다.

[프로그램 알고리즘]
1.
2.
3.
4.
5.
6.
7.

❷ **프로그래밍**: 작성한 알고리즘을 바탕으로 프로그래밍하여 프로그램을 완성한다.

인공지능 모델의 정확도에 영향을 미치는 학습 조건 4가지

1 세대(epoch)

입력한 데이터를 모두 몇 번씩 학습할 것인지 정하는 부분이다. 모든 데이터를 한 번씩 학습하는 것을 1에포크(epoch)라고 부른다. 같은 문제라도 여러 번 풀어 보면 실력이 늘듯, 같은 데이터라고 해도 여러 번 학습하면 학습할수록 모델이 똑똑해진다. 다만, 세대 수가 많을수록 학습 시간이 오래 걸리므로 적당한 세대를 정하는 것이 필요하다.

2 배치 크기(batch size)

몇 개의 데이터를 학습하고 모델에 반영할지 정하는 부분이다.

문제를 풀고 답을 맞춰 봐야 맞았는지 틀렸는지를 알 수 있는 것처럼, 모든 데이터를 학습하지 않고도 중간중간 지금까지 학습한 내용을 모델에 반영시키는데, 그것을 몇 개를 기준으로 할지 정하는 것이다.

3 학습률(learning rate)

학습한 내용을 모델에 반영할 때, 학습에서 예상되는 오류를 얼마나 고려할지를 정하는 부분이다. 학습률은 조금만 변경해도 결과에 큰 영향을 줄 수 있으므로 주의하여 설정해야 한다.

4 검증 데이터 비율(validation rate)

입력한 데이터 중 어느 정도 비율을 학습한 모델을 검증하는 데 사용할지 정하는 부분이다. 검증 데이터* 비율을 0.25로 정했다면 100개의 훈련 데이터를 입력했을 때 75개는 학습용으로, 25개는 검증용으로 사용하겠다는 뜻이 된다. 훈련 데이터는 분류 모델의 정확도에 큰 영향을 미치는 요소로, 분류 모델을 만들 때 각각의 클래스의 특징에 적합한 훈련 데이터를 사용해야 한다.

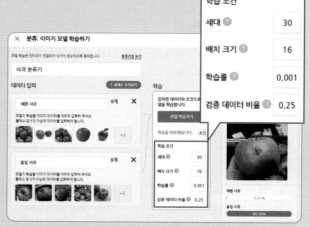

◯ 엔트리 모델 학습에서 학습 조건을 수정할 수 있다.

★검증 데이터: 모델을 학습하는 중간에 성능을 검증하기 위한 데이터로, 훈련 데이터의 일부를 검증 데이터로 활용할 수 있다.

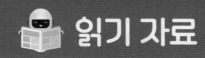

이미지 인식 기술의 두 얼굴!

인공지능 기술의 발달과 함께 얼굴 인식 기술은 빠르게 발전하고 있다. 특히 코로나19로 인한 언택트 문화가 확산됨에 따라 많은 분야에서 무인 시스템에 얼굴 인식 기술을 활용하고 있다. 편의점, 대형마트에서 얼굴 인식을 통해 결제가 이루어지고, 휴대폰의 잠금을 얼굴로 해제한다. 또한 휴대폰으로 셀프 카메라를 찍으면 자동으로 필터를 적용해 주어 예쁘고, 재미있게 얼굴을 꾸밀 수도 있다. 더 나아가 얼굴 인식 시스템을 CCTV에 활용하여 미아 찾기, 범죄자 찾기 등에도 사용할 수 있다. 하지만 얼굴 인식 기술의 어두운 면도 존재한다.

1 편향성의 문제가 발생한다.

인공지능 학습에 사용하는 데이터는 인공지능 모델을 생성하는 사람의 성향에 따라 의도치 않게 편향성을 띠는 경우도 있다. 예를 들어 빅테크 기업들의 얼굴 인식 시스템은 백인, 남성에 대한 훈련 데이터를 기반으로 학습되어 흑인, 여성에 대한 정확도가 낮은 문제가 발생하기도 했다.

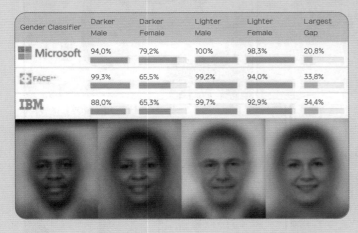

Gender Classifier	Darker Male	Darker Female	Lighter Male	Lighter Female	Largest Gap
Microsoft	94.0%	79.2%	100%	98.3%	20.8%
FACE**	99.3%	65.5%	99.2%	94.0%	33.8%
IBM	88.0%	65.3%	99.7%	92.9%	34.4%

◀ 세 프로그램 모두 밝은 얼굴색의 남성을 가장 잘 인식한다. 상대적으로 어두운 얼굴색의 여성 인식률은 낮다.
〈출처〉 미국 MIT 미디어랩

2 사생활 침해 문제도 존재한다.

얼굴 인식 기술이 사람들의 동의 없이 얼굴 데이터를 수집하고, 서비스에 활용함에 따라 우리가 인식하지 못하는 곳에서 나의 모습이 촬영되는 상황이 발생한다. 최근에는 얼굴 인식 시스템을 구축한 회사의 사생활 침해를 이유로 많은 소송이 제기되고 있는 상황이다.

이처럼 얼굴 인식 기술은 우리의 삶을 편리하게 해 주지만, 고려해야 할 윤리적 문제도 존재한다. 인공지능 개발자는 우리 삶의 편리함만을 추구하며 기술을 발전시키기보다는 윤리적인 문제에 대해서도 많은 고민을 하고 책임감을 가져야 할 것이다.

04 내 키에 맞는 적정 몸무게는 얼마일까?

핵심 개념 키에 따른 몸무게 회귀 모델 만들기

학습 목표 키에 따른 몸무게 회귀 모델을 생성하고, 이를 활용하여 문제를 해결할 수 있다.

사람들은 추운 겨울엔 따끈한 국물이 있는 어묵, 더운 여름엔 시원한 아이스크림을 많이 먹는 것 같다. 이러한 추측이 실제로 그러한지 회귀 분석을 통해 알아보자.

✅ 기온과 아이스크림 판매량 사이에는 어떤 관계가 있을까? 아이스크림 판매량에 영향을 미치는 또 다른 요인에는 무엇이 있을까?

핵심 개념 학습하기

1 회귀 분석의 개념

회귀(regression) 분석은 독립 변수*와 종속 변수* 간의 관계를 가장 잘 나타내는 하나의 예측선을 찾는 분석 기법이다.

분류가 어떤 범주(카테고리)에 속하는지를 예측하는 분석 방법이라고 한다면, 회귀는 연속적인 수칫값 중 어떤 수칫값을 가질지를 예측하는 데 차이가 있다. 회귀 분석의 예로는 공부하는 시간이 늘어남에 따라 성적이 얼마나 향상될지, 기온이 올라감에 따라 선풍기 판매량이 얼마나 증가할지 등을 예측하는 경우를 들 수 있다.

> ★ 독립 변수는 종속 변수(결과)에 영향을 미치는 변수이며, 종속 변수는 독립 변수로 인해 영향을 받는, 즉 결과를 의미하는 변수이다. 예를 들어 기온이 변화함에 따라 아이스크림 판매량이 증가 또는 감소하는 경우, 기온은 독립 변수가 되고, 아이스크림 판매량은 종속 변수가 된다.

2 회귀 분석의 유형

회귀 분석은 단순 선형 회귀 분석과 다중 선형 회귀 분석으로 구분할 수 있다. 하나의 독립 변수와 종속 변수의 상관관계를 분석하고, 독립 변수가 종속 변수에 미치는 영향을 예측하는 것은 단순 선형 회귀 분석이다. 반면 두 개 이상의 독립 변수와 종속 변수의 상관관계를 분석하고, 다수의 독립 변수가 종속 변수에 미치는 영향을 예측하는 것은 다중 선형 회귀 분석이라고 한다. 예를 들어, 공부 시간에 따른 성적 간의 관계를 분석한다면 단순 선형 회귀 분석이며, 공부 시간과 운동 시간을 둘 다 고려하여 성적 간의 관계를 분석한다면 다중 선형 회귀 분석이라 할 수 있다.

회귀 분석을 통해 독립 변수와 종속 변수 간의 관계를 잘 나타내는 예측선을 찾을 수 있으며, 이를 통해 회귀식을 도출할 수 있다. 오른쪽 그림은 공부 시간에 따른 성적을 회귀 분석하여 회귀식을 도출한 결과이다. 회귀식은 $Y = 4.35X + 29.42$임을 확인할 수 있으며 Y는 종속 변수인 성적, X는 독립 변수인 공부 시간을 의미한다. 따라서 만일 공부 시간이 1시간 늘어난다면 성적은 4.35점씩 향상되는 관계가 있음을 확인할 수 있다.

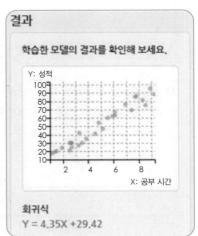

결과

학습한 모델의 결과를 확인해 보세요.

회귀식
Y = 4.35X +29.42

문제 해결하기 활동

☑ 회귀 예측을 활용하여 주어진 문제 상황을 해결해 보자.

> [문제 상황] 최근 들어 키가 훌쩍 자란 동우는 키가 크면서 몸무게도 같이 늘어난 탓에 다이어트를 해야 할지 고민이다. 하지만 키에 따른 몸무게를 친구들과 비교했을 때 실제로 자신의 몸무게가 더 많이 나가는지도 궁금하다. 키에 따른 몸무게를 예측할 수 있는 인공지능 회귀 모델을 만들면 어떨까?

단계1   모델 설계하기

❶ **문제 분석:** 문제 상황을 분석하여 현재 상태와 목표 상태를 작성한다.

> • 현재 상태:
>
> • 목표 상태:

❷ **핵심 요소 추출:** 핵심 요소를 추출한다.

❸ **문제 분해:** 큰 문제를 작은 단위의 문제로 분해하여 수행 작업을 명확하게 표현한다.

❹ **인공지능을 활용하여 해결 가능한 문제인지 확인:** 이 문제가 인공지능을 활용하여 해결 가능한 문제인지 확인한 후, 어떤 방법을 활용하여 해결할 수 있을지 생각해 본다.

❺ **핵심 속성과 예측 속성 정하기:** 회귀 모델을 생성하기 위해 어떤 종류의 핵심 속성과 예측 속성을 바탕으로 학습시킬지 정한다.

> · 핵심 속성:
>
> · 예측 속성:

단계2 **모델 구현하기**

❶ **데이터 수집 및 데이터 분석:** 인공지능 모델 학습에 사용할 데이터를 수집하고, 데이터의 속성을 분석한다.

> [모델 학습에 필요한 데이터]

❷ **모델 학습:** 인공지능 모델을 결정하고, 훈련 데이터를 활용하여 모델을 학습시킨다.

단계3 **모델 활용하기**

❶ **알고리즘 작성:** 인공지능 모델을 프로그래밍하기 위한 알고리즘을 작성한다.

> [프로그램 알고리즘]
> 1.
> 2.
> 3.
> 4.
> 5.
> 6.
> 7
> 8.
> 9.
> 10.

❷ **프로그래밍:** 작성한 알고리즘을 바탕으로 프로그래밍하여 프로그램을 완성한다.

 **해설**

✅ 회귀 예측을 활용하여 174쪽에서 주어진 문제 상황을 단계별로 해결하는 과정은 다음과 같다.

단계1 **모델 설계하기**

❶ **문제 분석:** 문제 상황을 분석하여 현재 상태와 목표 상태를 작성한다.

> • **현재 상태:** 다른 사람들의 키에 따른 몸무게를 예측하지 못하는 상태
> • **목표 상태:** 다른 사람들의 키에 따른 몸무게를 예측하여 나의 현 상황과 비교한 상태

❷ **핵심 요소 추출:** 핵심 요소를 추출한다.

> 키에 따른 몸무게를 기준으로 운동 권장 프로그램 만들기

❸ **문제 분해:** 큰 문제를 작은 단위의 문제로 분해하여 수행 작업을 명확하게 표현한다.

> • **수행 작업**①: 키에 따른 몸무게 예측하기
> • **수행 작업**②: 예측된 결과에 따라 운동 권장 알림 출력하기

❹ **인공지능을 활용하여 해결 가능한 문제인지 확인:** 이 문제가 인공지능을 활용하여 해결 가능한 문제인지 확인한 후, 어떤 방법을 활용하여 해결할 수 있을지 생각해 본다.

> 회귀 모델을 활용하면 가능하다. 왜냐하면 키에 따른 몸무게는 연속적인 숫잣값이므로 관련 값들을 바탕으로 회귀 모델을 생성할 수 있기 때문이다.

❺ **핵심 속성과 예측 속성 정하기:** 회귀 모델을 생성하기 위해 어떤 종류의 핵심 속성과 예측 속성을 바탕으로 학습시킬지 정한다.

> • 핵심 속성: 키
> • 예측 속성: 몸무게

★ 회귀 모델 학습을 위해서는 핵심 속성과 예측 속성이 필요하다.
 • 핵심 속성: 예측 결과에 영향을 주는 속성으로 독립 변수라고도 한다.
 • 예측 속성: 핵심 속성의 영향을 받는 속성으로 종속 변수라고도 한다.

단계2 모델 구현하기

❶ **데이터 수집 및 데이터 분석:** 인공지능 모델 학습에 사용할 데이터를 수집하고, 데이터의 속성을 분석한다.

※본 활동을 위해 삼양미디어 홈페이지(www.samyangm.com)에서 [도서 Mall]을 선택한 후, [고객센터]-[자료실]-'원리와 개념이 보이는 우리학교 인공지능 수업 소스파일'에서 '키_몸무게_남자.csv'(또는 '키_몸무게_여자.csv') 파일을 내려받는다.(http://samyangm.com/shop/bbs/board.php?bo_table=shop_data)

필요한 데이터의 속성은 키와 몸무게이다.

키	몸무게
122.2	25.5
128.2	29.2
134.1	33.5
139.8	38.2
145.3	43.1
152.1	48.8
160.2	54.8
166.7	61
170.5	65.3
172.8	68.2
173.4	70.2
174	71.5

🔵 남자의 키와 몸무게

키	몸무게
120.6	24
126.9	27.3
132.8	31.1
139.1	35.4
146	40.8
152.3	46.1
157.1	50.5
159.1	53.3
160.4	55.3
161.1	56.8
161.2	57.5
161.2	58

🔵 여자의 키와 몸무게

★ 여기에서 제시된 데이터는 2020년 교육부에서 발표한 우리나라 학생들의 키에 따른 몸무게 데이터이다. 주변 친구들의 데이터를 더 추가하여 데이터를 보충하는 것도 좋다.

❷ **데이터 입력**

① 엔트리 홈페이지(playentry.org)에 접속하여 [로그인] 한다.

② [만들기] - [작품 만들기] 메뉴로 이동한 후 [데이터분석] - [테이블 불러오기] 를 선택한다.

③ [테이블 추가하기] - [파일 올리기] 에서 내려받은 csv 파일을 업로드한다. 또는 [테이블 추가하기] - [새로 만들기] - [테이블 새로 만들기] 를 선택하여 직접 수집한 데이터를 입력한다.

④ 테이블의 제목은 '키몸무게 데이터'로 변경하고 [저장하기] 와 [적용하기] 를 클릭한다.

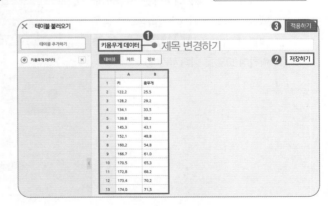

❸ **모델 학습:** 인공지능 모델을 결정하고, 훈련 데이터를 활용하여 모델을 학습시킨다.

①  를 선택한다.

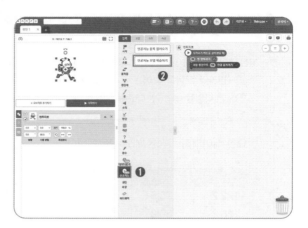

② [예측: 숫자]를 선택한 후 학습하기 를 클릭한다.

③ 모델의 이름(키몸무게 회귀 예측)을 입력하고, '키몸무게 데이터'를 선택한 후 핵심 속성으로 키, 예측 속성으로 몸무게를 추가한다. 모델 학습하기 를 클릭하여 모델을 학습시킨다.

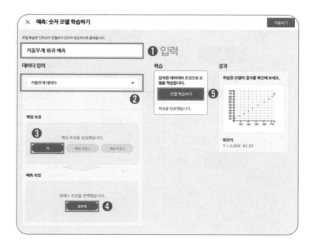

❹ **모델 학습 결과 분석**

핵심 속성(키)에 따른 예측 속성(몸무게)을 회귀 모델 학습을 시킨 결과, Y=0.85X−81.93이라는 회귀식이 산출되었다. 이 회귀식에서 X는 핵심 속성(키), Y는 예측 속성(몸무게)을 의미한다. 키가 1cm씩 커질 때마다 몸무게는 0.85kg씩 늘어나는 관계가 있음을 회귀식을 통해 알 수 있다.

★ 회귀 모델을 학습시킬 때 학습할 때마다 학습의 정도가 달라질 수 있기 때문에 회귀식 또한 다른 결과가 출력될 수 있다.

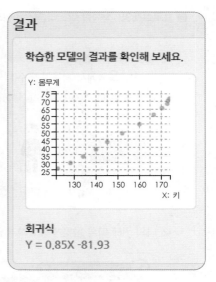

결과

학습한 모델의 결과를 확인해 보세요.

회귀식
Y = 0.85X -81.93

단계3 **모델 활용하기**

❶ **알고리즘 작성:** 인공지능 모델을 프로그래밍하기 위한 알고리즘을 작성한다.

● **나의 키에 따른 몸무게 예측하기**

1. [소놀 AI 로봇] "안녕하세요! 키에 따른 몸무게 예측 로봇입니다."라고 4초 동안 말한다.
2. [소놀 AI 로봇] "당신의 키를 입력해주세요."를 묻고 대답을 기다린다.
3. [소놀 AI 로봇] 대답을 〈나의 키〉 변수에 저장한다.
4. [소놀 AI 로봇] "당신의 몸무게를 입력해주세요."를 묻고 대답을 기다린다.
5. [소놀 AI 로봇] 대답을 〈나의 몸무게〉 변수에 저장한다.
6. [소놀 AI 로봇] 모델 다시 학습하기를 실행한다.
7. [소놀 AI 로봇] 〈나의 키〉 값의 예측값을 〈예측 몸무게〉 변수에 저장한다.
8. [소놀 AI 로봇] "당신의 키에 따른 몸무게는 〈예측 몸무게〉kg으로 예측됩니다."를 4초 동안 말한다.
9. [소놀 AI 로봇] 〈신호1〉 신호를 보낸다.

● **예측된 결과에 따라 운동 권장 알림 출력하기**

1. [학생3] 〈신호1〉 신호를 받았을 때 〈나의 몸무게〉 변숫값과 〈예측 몸무게〉 변숫값 중 어느 것이 큰지 비교한다.
2. 만일 〈나의 몸무게〉가 〈예측 몸무게〉보다 큰 경우(조건문의 조건이 참인 경우), "내 몸무게가 예측 몸무게보다 더 많이 나가네! 열심히 유산소 운동해야지!"라고 4초 동안 말한다.
3. 만일 〈나의 몸무게〉가 〈예측 몸무게〉보다 같거나 적은 경우(조건문의 조건이 거짓인 경우), "내 몸무게가 예측 몸무게보다 같거나 적게 나가네! 열심히 근력 운동해야지!"라고 4초 동안 말한다.

❷ 프로그래밍: 작성한 알고리즘을 바탕으로 프로그래밍하여 프로그램을 완성한다.

① 교실 뒤(1), 학생(3), 소놀 AI 로봇 오브젝트를 추가하고, 프로그램에서 사용할 변수(나의 키, 나의 몸무게, 예측 몸무게), 신호(신호1)를 생성한다.

교실 뒤(1)

학생(3)

소놀 AI 로봇

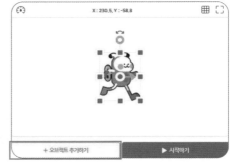

② 나의 키에 따른 몸무게 예측하기 알고리즘에 따라 프로그래밍한다.

▶ 시작하기 버튼을 클릭했을 때
안녕하세요! 키에 따른 몸무게 예측 로봇 입니다. 을(를) ④ 초 동안 말하기 ▼
당신의 키를 입력해주세요. 을(를) 묻고 대답 기다리기
나의 키 ▼ 를 대답 (으)로 정하기
당신의 몸무게를 입력해주세요. 을(를) 묻고 대답 기다리기
나의 몸무게 ▼ 를 대답 (으)로 정하기
모델 다시 학습하기
예측 몸무게 ▼ 를 키 나의 키 ▼ 값 의 예측 값 (으)로 정하기
당신의 키에 따른 몸무게는 과(와) 예측 몸무게 ▼ 값 를 합치기 과(와) kg으로 예측됩니다. 를 합치기 을(를) ④ 초 동안 말하기 ▼
신호1 ▼ 신호 보내기

③ 예측된 결과에 따라 운동 권장 알림 출력하기 알고리즘에 따라 프로그래밍한다.

신호1 ▼ 신호를 받았을 때
만일 나의 몸무게 ▼ 값 > 예측 몸무게 ▼ 값 (이)라면
내 몸무게가 예측 몸무게보다 더 많이 나가네! 열심히 유산소 운동해야지! 을(를) ④ 초 동안 말하기 ▼
아니면
내 몸무게가 예측 몸무게보다 같거나 적게나가네! 열심히 근력 운동해야지! 을(를) ④ 초 동안 말하기 ▼

★ 대답과 변수는 다음 블록을 활용하여 장면에 보이지 않도록 할 수 있다.

▶ 시작하기 버튼을 클릭했을 때
대답 숨기기 ▼
변수 나의 키 ▼ 숨기기
변수 나의 몸무게 ▼ 숨기기
변수 예측 몸무게 ▼ 숨기기

④ 완성된 프로그램을 실행한 후 물음에 따라 나의 키와 몸무게를 숫자로 입력한다.

⑤ 나의 몸무게 회귀 예측 결과를 확인한다.

회귀 예측 프로젝트 활동을 통해 새롭게 알게 된 내용을 친구들과 이야기해 보자.

또 가정, 학교 등 일상생활에서 회귀 예측을 활용하여 어떤 작품을 만들 수 있을지 생각해 보자.

더 나아가기

✅ 회귀를 활용하여 해결할 수 있는 새로운 문제 상황을 설정해 보자. 다음 절차에 따라 회귀 모델을 생성하고, 프로그램을 작성해 보자.

[문제 상황]

★ 회귀 모델의 결과는 연속적인 숫잣값을 예측할 수 있다. 따라서 결과의 형태가 연속적인 숫자인 데이터를 사용한다.

단계1 모델 설계하기

❶ **문제 분석:** 문제 상황을 분석하여 현재 상태와 목표 상태를 작성한다.

• 현재 상태:

• 목표 상태:

❷ **핵심 요소 추출:** 핵심 요소를 추출한다.

❸ **문제 분해:** 큰 문제를 작은 단위의 문제로 분해하여 수행 작업을 명확하게 표현한다.

❹ **인공지능을 활용하여 해결 가능한 문제인지 확인:** 이 문제가 인공지능을 활용하여 해결 가능한 문제인지 확인한 후, 어떤 방법을 활용하여 해결할 수 있을지 생각해 본다.

⑤ **핵심 속성과 예측 속성 정하기:** 회귀 모델을 생성하기 위해 어떤 종류의 핵심 속성과 예측 속성을 바탕으로 학습시킬지 정한다.

> • 핵심 속성:
>
> • 예측 속성:

단계2 모델 구현하기

❶ **데이터 수집 및 데이터 분석:** 인공지능 모델 학습에 사용할 데이터를 수집하고, 데이터의 속성을 분석한다.

> [모델 학습에 필요한 데이터]

❷ **모델 학습:** 인공지능 모델을 결정하고, 훈련 데이터를 활용하여 모델을 학습시킨다.

> [모델 학습 결과 분석]

모델 활용하기

❶ **알고리즘 작성**: 인공지능 모델을 프로그래밍하기 위한 알고리즘을 작성한다.

[프로그램 알고리즘]

1.

2.

3.

4.

5.

6.

7

8.

9.

10.

❷ **프로그래밍**: 작성한 알고리즘을 바탕으로 프로그래밍하여 프로그램을 완성한다.

AI가 대본을 쓴 단편 영화가 나왔다

영상을 재생하자 촬영 준비로 바쁜 배우들의 모습이 보인다. 카메라 가까이에 선 감독은 "각본의 처음 몇 줄만 내가 쓰고, 나머지는 인공지능(AI)이 썼다"라며 "영상 오른쪽에 점이 나타나면 인공지능이 쓴 내용을 보고 있는 것"이라고 말한다. 이후 '상품 판매원'이라는 제목과 함께 영화가 시작된다. 유튜브 채널 '컬래머티에이아이'에 언어 생성 모델 AI인 GPT-3[*]가 대본을 쓴 단편

영화 '상품판매원'이 2020년 10월 14일(현지 시간) 올라왔다. 미국 채프먼대 영화예술학과 4학년에 재학 중인 제이컵 보스가 AI와 협력해 제작한 영화다. 제이컵 보스는 미국 경제지 야후파이낸스와의 인터뷰에서 "온라인 수업 중 우연히 알게 된 언어 생성 모델 GPT-3에 미리 써 뒀던 단편 영화 시나리오의 처음 몇 줄을 입력해 각본을 썼다"라고 밝혔다. 〈중략〉

⬥ 언어 생성 모델 GPT-3가 각본을 쓴 단편 영화 '상품 판매원'의 한 장면. 영화 중간에 '나머지 부분은 AI가 썼다'는 문구가 나온다.
〈출처〉 https://www.dongascience.com/news.php?idx=40972

그러나 한계도 있다. GPT-3는 학습한 데이터를 토대로 단어를 유추하기 때문에 문맥이 어색해도 자주 함께 쓰인 단어를 우선 고려한다. 예를 들어 '상자에 신발 두 짝이 있다. 이 상자에 연필을 넣고 신발을 한 짝 빼면'이라는 문장을 입력하면 '상자에 연필과 신발 한 짝이 있다'가 아니라 '신발 한 짝'이라고 답하는 식이다. 자주 함께 쓰이지 않은 '연필'이라는 단어는 고려하지 않은 것이다. 〈중략〉

전문가들은 GPT-3를 최고의 인공지능이라고 평가하지만, 일부는 GPT-3가 수많은 데이터를 처리하는 데 최적화됐을 뿐 기술 자체는 혁신적이지 않다고 평가한다. 넷플릭스에서 AI가 각본을 쓴 영화를 이해하려면 앨런 AI 연구소의 연구 책임자이자 워싱턴대 컴퓨터공학과 교수인 최혜진 교수의 말대로 상식을 기반으로 한 추론 능력을 길러야 한다.

★GPT-3(Generative Pre-trained Transformer 3): 자연어 처리(NLP, Natural Language Processing) 인공지능으로 딥러닝을 이용해 가장 자연스러운 단어의 연속 조합을 만들어 내는 자기회귀 언어 모델이다. GPT-3의 전체 버전은 1,750억 개의 매개변수를 가지고 있다. GPT-3는 언어 관련 문제 풀이, 글짓기, 번역, 주어진 문장에 따른 간단한 웹 코딩 등의 작업을 수행할 수 있다.

05 나와 취향이 비슷한 여행 친구를 찾아볼까?

<u>핵심 개념</u> 여행취향 군집 분석하기
<u>학습 목표</u> 여행취향 군집 분석을 활용하여 문제를 해결할 수 있다.

　　최근 많은 기업에서 빅 데이터*를 활용한 마케팅을 펼치고 있다. 소비자의 취향을 분석하여 음악이나 영화 추천은 물론, SNS에 올린 여행지 사진을 분석하여 향수를 추천해 주기도 한다. 여러 특성이 뒤섞인 소비자들을 어떻게 비슷한 집단으로 묶는 걸까?

★빅 데이터와 군집 분석: 빅 데이터란 양이 매우 많고, 증가 속도가 빠르며, 종류가 매우 다양한 데이터를 말한다. 빅 데이터 분석 기술이 발달함에 따라 대용량의 데이터를 활용·분석하여 가치 있는 지식과 정보를 추출하는 작업이 점점 더 중요해지고 있다. 군집 분석은 데이터 간의 유사성을 측정하여 상호 유사성이 높은 데이터를 동일 집단으로 분류하는 기법으로 빅 데이터 분석에 널리 활용되고 있다.

> ✅ 비슷한 성격을 가진 친구끼리 각각의 그룹으로 친구들을 묶는다고 생각해 보자. 몇 개의 그룹으로 묶을 수 있을까? 그리고 각 그룹의 특성은 무엇일까?

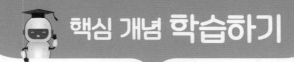
1 군집화의 개념

군집화(clustering)란 데이터를 나누기 위한 명확한 기준이 없을 때, 주어진 데이터의 숨겨진 특성을 스스로 파악하여 유사한 몇 개의 그룹으로 나누는 것을 의미하며, 이때 나누어진 유사한 데이터 그룹을 군집(cluster)이라고 한다. 군집화 과정에서 데이터의 특성이 비슷한 것끼리 그룹으로 만들면서 동일한 그룹 내의 유사점과 다른 그룹 간의 차이점 등을 평가한다.

군집화는 데이터 속에 들어 있는 특징을 사용자가 파악하기 어려울 때나 새롭게 발견한 특징을 기반으로 데이터를 새로운 그룹으로 나눌 때 사용한다. 예를 들어, 친구들의 성격을 바탕으로 설문 조사를 하고, 이 결과에 따라 비슷한 유형의 성격을 가진 친구를 3개 그룹 혹은 4개 그룹 등으로 나누고자 할 때 군집을 활용한다.

만약 선글라스 판매 촉진을 위해 마케터가 군집화를 통해 고객층을 분류하는 경우, 해변의상과 함께 선글라스를 구입하는 여성 고객 중심의 군집을 발견할 수도 있고, 스포츠 의류와 함께 선글라스를 구입하는 경향이 높은 여성과 남성이 모두 포함된 군집을 발견할 수도 있다. 이렇게 발견된 군집을 대상으로 서로 다른 채널과 콘텐츠, 마케팅 전략을 사용하여 더 효율적인 마케팅을 펼 수 있다.

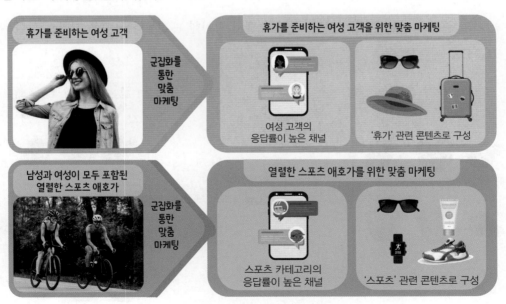

⬢ 군집화를 통한 고객 분석 사례

《출처》 고객 세분화와 군집화의 차이점, https://m.blog.naver.com/bestinall/221231626438

2 분류와 군집화의 차이

분류와 군집화는 어떤 차이가 있을까? 앞에서 학습한 회귀와 분류는 훈련 데이터의 정답을 미리 알려 주고 학습하는 지도학습에 해당하지만, 군집화는 훈련 데이터의 정답을 알려주지 않고 군집 알고리즘이 스스로 훈련 데이터의 특성을 파악하는 비지도학습에 해당한다.

먼저 분류의 경우 분류 모델이 학습을 할 때 사과 클래스, 딸기 클래스 등 주어지는 데이터에 정답을 함께 제공하여 학습을 시킨다. 따라서 분류 모델이 새로운 데이터를 바탕으로 분류 작업을 할 때에도 사과 혹은 딸기의 종류로 분류 작업을 한다.

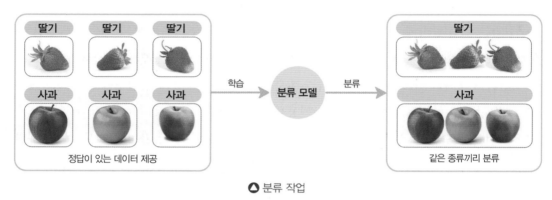

🔺 분류 작업

반면 군집화의 경우 군집 모델이 학습을 할 때 주어지는 데이터에 정답이 함께 제공되지 않은 상태로 학습한다. 따라서 군집 모델이 새로운 데이터의 결과를 예측할 때에도 사과 혹은 딸기의 종류로 나누는 것이 아닌, 군집 모델이 발견한 패턴이나 규칙을 기반으로 나누어진 그룹으로 예측한다.

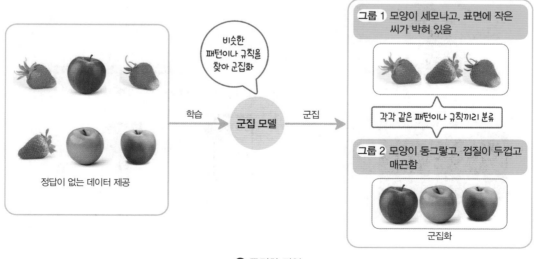

🔺 군집화 작업

문제 해결하기

✅ 군집 분석을 활용하여 주어진 문제 상황을 해결해 보자.

[문제 상황] 방학을 맞이한 미진이는 친구와 함께 제주도 여행을 가려고 한다. 그런데 서로 취향이 잘 맞지 않으면 여행을 다니면서 많이 다툴 수 있다는 말을 듣고, 여행길이 즐거울 수 있도록 성격이 잘 맞을 친구를 찾고자 한다. 여행취향이 비슷한 친구를 찾으려면 어떻게 해야 할까?

단계1 모델 설계하기

❶ **문제 분석:** 문제 상황을 분석하여 현재 상태와 목표 상태를 작성한다.

- 현재 상태:

- 목표 상태:

❷ **핵심 요소 추출:** 핵심 요소를 추출한다.

❸ **문제 분해:** 큰 문제를 작은 단위의 문제로 분해하여 수행 작업을 명확하게 표현한다.

❹ **인공지능을 활용하여 해결 가능한 문제인지 확인:** 이 문제가 인공지능을 활용하여 해결 가능한 문제인지 확인한 후, 어떤 방법을 활용하여 해결할 수 있을지 생각해 본다.

❺ 핵심 속성과 군집 개수: 군집 분석을 위해 어떤 종류의 핵심 속성을 활용할지, 군집은 몇 개를 만들지 정한다.

> • 핵심 속성:
> • 군집 개수:

단계2 모델 구현하기

❶ 데이터 수집: 군집 분석에 사용할 데이터를 수집한다. 이를 위해 아래 문항에 대한 친구들의 답변을 수집한다.

문항

여행취향 테스트

번호	문항	점수
1번	여행에서 새로운 사람을 만나는 것을 즐긴다.	
2번	여행 전 여행지의 기후, 역사, 관광지 정보 등을 자세하게 찾아보는 편이다.	
3번	소수 인원보다는 많은 친구들이 함께 하는 여행이 좋다.	
4번	여행 일정을 체계적으로 작성하는 것이 좋다.	
5번	일부 코스에서 모르는 사람들과 함께하는 것은 색다른 재미가 있다.	
6번	갑작스레 여행 일정이 변경되는 것은 불안하다.	

5점: 매우 그렇다, 4점: 그렇다, 3점: 보통이다, 2점: 그렇지 않다, 1점: 전혀 그렇지 않다

군집 분석에 필요한 데이터

내외향성 속성에는 1, 3, 5번 문항의 점수 합계, 계획성 속성에는 2, 4, 6번 문항의 점수 합계를 적는다.

이름	내외향성	계획성	이름	내외향성	계획성

❷ **데이터 입력 및 군집 분석:** 수집한 데이터를 테이블에 입력하고, 군집 분석을 실행한다.

❸ **군집 결과 분석:** 군집 분석의 결과를 해석하며, 어떤 데이터들이 묶여 그룹이 생성되었는지 확인한다.

[단계3] **모델 활용하기**

❶ **알고리즘 작성:** 인공지능 모델을 프로그래밍하기 위한 알고리즘을 작성한다.

[프로그램 알고리즘]

1.
2.
3.
4.
5.
6.
7
8.
9.
10.

❷ **프로그래밍:** 알고리즘을 바탕으로 프로그래밍하여 프로그램을 완성한다.

 **해설**

✅ 189쪽에서 주어진 문제 상황을 군집 분석을 활용하여 해결하는 과정은 다음과 같다.

단계1 **모델 설계하기**

❶ **문제 분석:** 문제 상황을 분석하여 현재 상태와 목표 상태를 작성한다.

> • **현재 상태:** 여행취향이 비슷한 친구를 찾는 상태
>
> • **목표 상태:** 친구별로 여행취향을 분석한 상태

❷ **핵심 요소 추출:** 핵심 요소를 추출한다.

> 여행취향 – 내외향성, 계획성

❸ **문제 분해:** 큰 문제를 작은 단위의 문제로 분해하여 수행 작업을 명확하게 표현한다.

> • **수행 작업①:** 친구들의 여행취향 분석하기
>
> • **수행 작업②:** 나의 여행취향 확인하기

❹ **인공지능을 활용하여 해결 가능한 문제인지 확인:** 이 문제가 인공지능을 활용하여 해결 가능한 문제인지 확인한 후, 어떤 방법을 활용하여 해결할 수 있을지 생각해 본다.

> 군집 분석을 활용하면 가능하다. 왜냐하면 각 속성별 특징을 바탕으로 그룹을 짓는 군집화를 통해 내가 속한 그룹을 확인할 수 있기 때문이다.

❺ **핵심 속성과 군집 개수:** 군집 분석을 위해 어떤 종류의 핵심 속성을 활용할지, 군집은 몇 개를 만들지 정한다.

> • **핵심 속성:** 내외향성, 계획성
>
> • **군집 개수:** 4개

단계2 **모델 구현하기**

❶ **데이터 수집:** 군집 분석에 사용할 데이터를 수집한다. 이를 위해 아래 문항에 대한 친구들의 답변을 수집한다.

★ 만일 친구들의 답변을 모으기 어려운 상황이라면 제시된 데이터를 사용한다.

문항

여행취향 테스트

번호	문항	점수
1번	여행에서 새로운 사람을 만나는 것을 즐긴다.	
2번	여행 전 여행지의 기후, 역사, 관광지 정보 등을 자세하게 찾아보는 편이다.	
3번	소수 인원보다는 많은 친구들이 함께 하는 여행이 좋다.	
4번	여행 일정을 체계적으로 작성하는 것이 좋다.	
5번	일부 코스에서 모르는 사람들과 함께하는 것은 색다른 재미가 있다.	
6번	갑작스레 여행 일정이 변경되는 것은 불안하다.	

5점: 매우 그렇다, 4점: 그렇다, 3점: 보통이다, 2점: 그렇지 않다, 1점: 전혀 그렇지 않다

군집 분석에 필요한 데이터

내외향성 속성에는 1, 3, 5번 문항의 점수 합계, 계획성 속성에는 2, 4, 6번 문항의 점수 합계를 적는다.

	A	B	C
1	이름	내외향성	계획성
2	웅열	12	14
3	종광	5	7
4	준호	6	13
5	성훈	13	5
6	상수	6	7
7	영희	15	7
8	건웅	13	14
9	은경	11	3
10	지희	5	15
11	수진	6	4
12	혁진	4	12
13	지훈	14	11
14	장규	5	6
15	준걸	7	4
16	진원	10	13

❷ **데이터 입력:** 수집한 데이터를 테이블에 입력한다.

① 엔트리 홈페이지(playentry.org)에 접속하여 로그인 한다.

② 만들기 – 작품 만들기 메뉴로 이동한 후 데이터분석 – 테이블 불러오기 를 선택한다.

③ 테이블 추가하기 – 새로 만들기 – 테이블 새로 만들기 를 선택한다.

④ 테이블의 제목은 '여행취향 데이터'로 변경하고 수집한 데이터를 입력한 후 저장하기 와 적용하기 를 클릭한다.

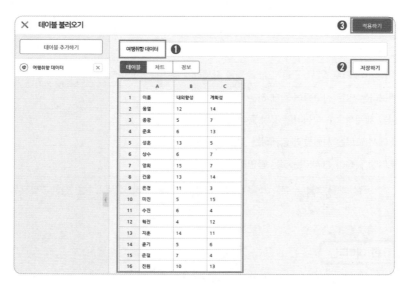

❸ **군집 분석:** 군집 분석을 실행한다.

① 인공지능 – 인공지능 모델 학습하기 를 선택한다.

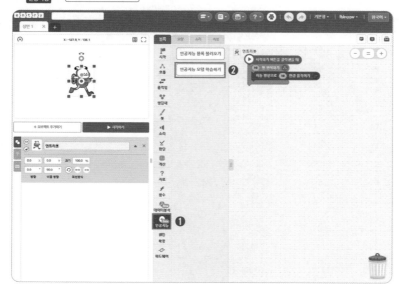

② [군집: 숫자]를 선택한 후 학습하기 를 클릭한다.

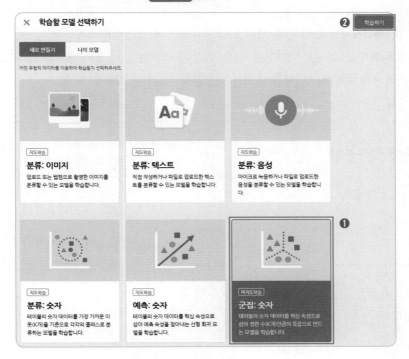

③ 모델의 이름(여행취향 군집)을 입력하고, '여행취향 데이터'를 선택한 후 핵심 속성으로 내외향성과 계획성을 추가한다. 군집 개수를 4개로 설정하고, 모델 학습하기 를 클릭하여 모델을 학습시킨다.

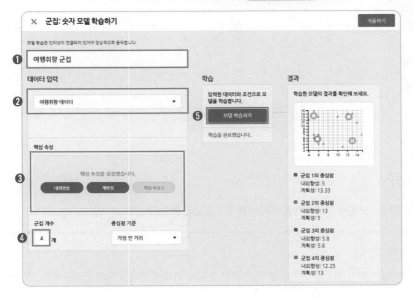

❹ **군집 결과 분석:** 군집 분석의 결과를 해석하며, 어떤 데이터들이 묶여 그룹이 생성되었는지 확인한다.

군집을 학습시킬 때 군집의 개수를 4개로 설정하였기 때문에 4개의 군집이 생성되었다. 〈군집 1〉의 경우 내외향성 5, 계획성 13.33의 값을 가지고 있어 내향적인 성격이며 계획하는 여행을 즐기는 사람들의 그룹임을 확인할 수 있다. 또한 〈군집 4〉의 경우 내외향성 12.25, 계획성 13의 값을 가지고 있어 외향적이면서 계획하는 여행을 즐기는 사람들의 그룹임을 확인할 수 있다.

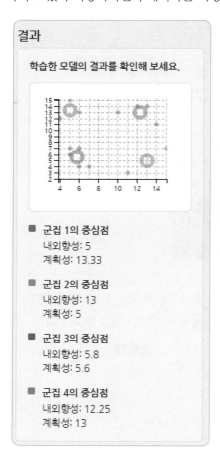

★ 군집 분석 결과를 확인한 후 우측 상단에 위치한 [적용하기]를 클릭한다.

단계3 **모델 활용하기**

❶ **알고리즘 작성:** 인공지능 모델을 프로그래밍하기 위한 알고리즘을 작성한다.

● 나의 여행취향 입력하기

1. [소녀2 오브젝트] 시작하기 버튼을 클릭하면 "여행취향 분석을 위해 물음에 숫자로 답해주세요."를 4초 동안 말한다.
2. [소녀2 오브젝트] "5점: 매우 그렇다, 4점: 그렇다, 3점: 보통이다, 2점: 그렇지 않다, 1점: 전혀 그렇지 않다 입니다."를 4초 동안 말한다.

3. [소녀2 오브젝트] 문항1~문항6의 내용을 묻고 대답 기다리기를 통해 대답을 입력받고, 변수1~6에 대답
   값을 저장한다.
4. [소녀2 오브젝트] 변수 내외향성에 문항1+문항3+문항5의 값을 저장한다.
5. [소녀2 오브젝트] 변수 계획성에 문항2+문항4+문항6의 값을 저장한다.
6. [소녀2 오브젝트] 시작하기 버튼을 클릭하면 "여행취향 그룹을 확인하고 싶으면 스페이스 바를 눌러주세
   요."를 4초 동안 말한다.

● 나의 여행취향 확인하기 1

1. [소녀2 오브젝트] 스페이스 바를 누르면 모델 다시 학습하기를 실행한다.
2. [소녀2 오브젝트] "당신의 여행취향은 〈내외향성 값과 계획성 값의 군집〉 그룹입니다."를 4초 동안 말
   한다.
3. [소녀2 오브젝트] 모델 차트창을 연다.

● 나의 여행취향 확인하기 2 (군집 개수 다시 입력받기)

1. [소녀2 오브젝트] r키를 누르면 "원하는 군집의 개수를 입력해주세요."를 묻고 기다린다.
2. [소녀2 오브젝트] 군집을 〈대답〉 개로 바꾸기를 실행한다.
3. [소녀2 오브젝트] 모델 다시 학습하기를 실행한다.
4. [소녀2 오브젝트] "당신의 여행취향은 〈내외향성 값과 계획성 값의 군집〉 그룹입니다."를 4초 동안 말
   한다.
5. [소녀2 오브젝트] 모델 차트 창을 연다.

❷ **프로그래밍:** 알고리즘을 바탕으로 프로그래밍하여 프로그램을 완성한다.
  ① 공항, 소녀(2) 오브젝트를 추가하고, 프로그램에서 사용할 변수(문항1, 문항2, 문항3, 문항4, 문항5, 문항
     6, 내외향성, 계획성)를 생성한다.

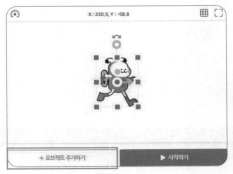

공항

소녀(2)

② 나의 여행취향 입력하기 알고리즘에 따라 프로그래밍한다.

③ 나의 여행취향 확인하기1 알고리즘에 따라 프로그래밍한다.

④ 나의 여행취향 확인하기2 알고리즘에 따라 프로그래밍한다.

★ 대답과 변수는 오른쪽과 같은 숨기기 블록을 활용하여 장면에 보이지
않도록 할 수 있다.

⑤ 완성된 프로그램을 실행한 후 물음에 맞는 나의 여행취향 점수를 숫자로 입력한다.

⑥ 나의 여행취향 군집 분석 결과를 확인한다. 스페이스 바를 누르면 처음 군집 분석을 학습시킨 상태인 4
개의 군집 결과 중 나의 입력값에 해당하는 결과를 확인할 수 있다.

R 키를 누르면 새로 군집의 개수를 설정한 후 나의 입력값에 해당하는 결과를 확인할 수 있다.

⑦ 군집 분석 모델 차트 창을 보며 내가 소속한 군집에 구성되어 있는 값을 확인한다.

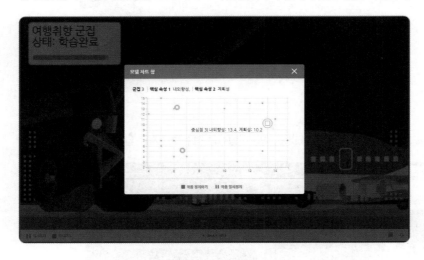

군집 분석 프로젝트 활동을 통해 새롭게 알게 된 내용을 친구들과 이야기해 보자.

또 가정, 학교 등 일상생활에서 군집 분석을 활용하여 어떤 작품을 만들 수 있을지 생각해 보자.

더 나아가기

✓ 군집 분석을 활용하여 해결할 수 있는 새로운 문제 상황을 설정하고, 다음 절차에 따라 군집 분석을 실행하고, 프로그램을 작성해 보자.

[문제 상황]

단계 1 모델 활용하기

❶ **문제 분석:** 문제 상황을 분석하여 현재 상태와 목표 상태를 작성한다.

- 현재 상태:
- 목표 상태:

❷ **핵심 요소 추출:** 핵심 요소를 추출한다.

❸ **문제 분해:** 큰 문제를 작은 단위의 문제로 분해하여 수행 작업을 명확하게 표현한다.

❹ **인공지능을 활용하여 해결 가능한 문제인지 확인:** 이 문제가 인공지능을 활용하여 해결 가능한 문제인지 확인한 후, 어떤 방법을 활용하여 해결할 수 있을지 생각해 본다.

❺ **핵심 속성과 군집 개수:** 군집 분석을 위해 어떤 종류의 핵심 속성을 활용할지, 군집은 몇 개를 만들지 정한다.

- 핵심 속성:
- 군집 개수:

모델 구현하기

❶ 데이터 수집: 군집 분석에 사용할 데이터를 수집한다.

```
[                                                                      ]
```

❷ 데이터 입력 및 군집 분석: 수집한 데이터를 테이블에 입력하고, 군집 분석을 실행한다.

```
[                                                                      ]
```

❸ 군집 결과 분석: 군집 분석의 결과를 해석하며, 어떤 데이터들이 묶여 그룹이 생성되었는지 확인한다.

```
[                                                                      ]
```

단계3 모델 활용하기

❶ 알고리즘 작성: 인공지능 모델을 프로그래밍하기 위한 알고리즘을 작성한다.

[프로그램 알고리즘]

1.

2.

3.

4.

5.

6.

7.

8.

9.

10.

❷ 프로그래밍: 알고리즘을 바탕으로 프로그래밍하여 프로그램을 완성한다.

"지금 내 감정과 잘 어울리는 노래는"… AI 추천 음악으로 힐링

직장인 A씨는 퇴근길에 집 근처 공원에 들렀다. 하루 종일 업무에 시달리며 피로감에 몸과 마음이 지친 A씨는 공원 벤치에 앉아 휴대폰을 꺼냈다. 이어폰을 귀에 꽂고 즐겨찾기에서 요즘 자주 애용하는 '사용자 감정 기반 음악 추천 서비스'를 눌렀다. 마침 노을이 지고 있는 풍경이 눈앞에 그림 같이 펼쳐졌다.

'지금 기분은 어떠신가요?' 가을이 끝나가는 11월 말이라 그런지 날은 맑았지만 제법 쌀쌀해져 코끝이 시렸다. A씨는 '센티해요'라는 감정 이모티콘을 선택했다. 그러자 지금 A씨의 기분과 날씨에 딱 맞는 노래가 흘러나왔다. 정인의 '살다가 보면'이다. 노래의 분위기와 가사 속 이야기가 지금 A씨의 감정에 퍽 어울렸다.

> "날이 저물고 집에 돌아오는 길이 쓸쓸하게 느껴질 때마다 '괜찮을 거야' 혼잣말을 하곤 해. 나도 모르게 자꾸 흥얼대. 하루를 살다가 보면 다 괜찮아지겠지. 이렇게 살다가 보면 다 괜찮아질 거야. 받았던 상처도 추억이 되고 다 괜찮아질 거야."

노래를 흥얼거리면서 또 다시 내일을 살아갈 힘을 얻는 A씨다. 〈중략〉

노래에 담긴 감정을 어떻게 알 수 있는 걸까? 우리 팀은 어떤 감정과 분위기의 음악인지를 알아내고자 비지도학습 기법 두 가지(K-means와 계층적 군집 분석)를 사용했다. 이를 통해 4만 7천 개의 음악이 각각 어떤 분위기인지를 분류했다. 이후 AI 딥러닝 학습을 시켜서 '이러한 주파수 대역을 가진 음악은 어떠한 분위기일 것이다'라고 미리 학습시켜 놓은 다음, 새로운 데이터가 들어오면 분류 기법을 통해 '이 노래는 이 분위기'라고 예측할 수 있도록 구현했다.

가사가 있는 노래의 경우 약 1만 7천 개의 가사 데이터를 수집해 비지도학습을 시켰고, 가사에 따른 감정을 분류해 냈다. 영어 가사는 구글에서 개발한 자연어 처리 딥러닝 모델 '버트(BERT)'를, 한국어 가사는 SKT의 '코버트(KoBERT)'를 활용했다. 딥러닝 학습 후에 새로운 가사가 들어오면 해당 노래의 감정을 알아낼 수 있도록 설계했다. 이를 통해 곡의 분위기와 가사 분위기, 이 두 가지를 합쳐 해당 노래가 내포한 감정을 예측할 수 있는 것이다.

🔵 스마트인재개발원의 'SOULFUL' 팀이 고안한 '사용자 감정 기반 음악 추천 서비스' 화면
〈사진 출처〉 신명진 팀장 제공

〈출처〉 http://www.aitimes.com/news/articleView.html?idxno=141511

찾아보기

참고 문헌 · 참고 사이트

참고 문헌

· 과학기술정보통신부(2019). 「인공지능(AI) 국가전략」.

· 권건우(2020). 『야사와 만화로 배우는 인공지능1, 2』. 루나파인북스.

· 김진형(2020). 『KAIST 김진형 교수에게 듣는 AI 최강의 수업』. 매일경제신문사.

· 스튜어트 러셀, 피터 노빅(2016). 『인공지능 1 현대적 접근방식(제3판)』. 제이펍.

· 이영호(2020). 『모두의 인공지능 with 파이썬』. 길벗.

· 정웅열 외 6인(2023). 『인공지능 기초(고등교과서)』. ㈜삼양미디어.

참고 사이트

· 공공 데이터 포털 | https://www.data.go.kr

· 스케치 RNN | https://magenta.tensorflow.org

· 엔트리 | https://playentry.org

· 오토 드로우 | https://www.autodraw.com

· 코드 닷 오알지 AI for Oceans | https://code.org/oceans

· 10쪽   [O뉴스 O!클릭] 당신의 눈이 되어드릴게요… 고등학생이 개발한 AI | SBS 뉴스(2018. 9. 11.), https://news.sbs.co.kr/news/endPage.do?news_id=N1004929978

· 16쪽   해양쓰레기, 매년 20톤 트럭 5700대분 수거 | 경향신문(2021. 3. 11.), https://www.khan.co.kr/environment/environment-general/article/202103102122005

· 24쪽   퍼셉트론의 기본 개념과 학습 규칙, 한계점 | https://liveyourit.tistory.com/63

- 37쪽 아마존, 여자만 탈락 AI 채용프로그램 폐기 | YTN 사이언스(2018. 10. 12.), https://science.ytn.co.kr/program/view.php?mcd=0082&key=201810121227155522

  [이슈분석] AI가 편견까지 학습한다면?… "로봇도 인종차별 할 수 있다." | 뉴스비전(2017. 9. 15.) http://www.nvp.co.kr/news/articleView.html?idxno=121489

- 77쪽 배달 경로 정하는 게 수학의 난제라고요?, 외판원 문제 | 과학기술정보통신부 블로그(2022. 2. 25.), https://blog.naver.com/with_msip/222657711187

- 78쪽 '인공지능 스무고개 게임' 아키네이터, 무엇? "어떤 인물이든 다 맞추는 게임" | 뉴스인사이드(2021. 1. 4.), http://www.newsinside.kr/news/articleView.html?idxno=1099682

- 111쪽 [잠깐 과학] 대학교 수학 문제 정답률 10배 높인 인공지능 등장 | 동아사이언스(2022. 9. 3.), https://www.dongascience.com/news.php?idx=56095

- 119쪽 너가 좋아할 것 같은 느낌적인 느낌, 느낌! 추천 알고리즘 | 과학기술정보통신부 블로그(2022. 10. 25.), https://blog.naver.com/with_msip/222909810808

  백발백중! 취향저격수 '추천 알고리즘'의 비밀 | 삼성 반도체 뉴스룸(2020. 4. 20.), http://m.site.naver.com/14CCQ

- 137쪽 1854 Broad Street cholera outbreak | https://en.wikipedia.org/wiki/1854_Broad_Street_cholera_outbreak

  데이터의 아름다움: 역사상 최고로 꼽히는 10가지 데이터 시각화의 예 | https://www.tableau.com/ko-kr/learn/articles/best-beautiful-data-visualization-examples

- 155쪽 다음앱 6.0 '꽃검색' 기능 안내 | 다음 앱 공지사항(2023. 1. 6.), http://magazine.channel.daum.net/daumapp_notice/search_flower

- 187쪽 고객 세분화와 군집화의 차이점 | https://m.blog.naver.com/bestinall/221231626438

- 203쪽 "지금 내 감정과 잘 어울리는 노래는"… AI 추천 음악으로 힐링 | Ai타임스(2021. 11. 20.), http://www.aitimes.com/news/articleView.html?idxno=141511

- 8~9쪽 대단원 이미지 | 게티이미지뱅크, https://www.gettyimagesbank.com

- 10쪽 눈이 된 AI 화면 | [오뉴스 오!클릭] 당신의 눈이 되어드릴게요… 고등학생이 개발한 AI, SBS 뉴스(2018. 9. 11.), https://news.sbs.co.kr/news/endPage.do?news_id=N1004929978

- 12쪽 드림이 카톡 화면 | https://pf.kakao.com/_SgLqj

- 13쪽 딥페이크 관련 화면 | 티빙 오리지널 '얼라이브'

  TV 동물농장 | https://programs.sbs.co.kr/culture/animalfarm/main

  세상에 나쁜 개는 없다 | https://home.ebs.co.kr/baddog/main

  어바웃펫 어쩌다 마주친 그 개 | https://programs.sbs.co.kr/culture/accidentdog/main

- 14~15쪽 활동 속 이미지들 | 게티이미지뱅크, https://www.gettyimagesbank.com

- 16쪽 해양쓰레기, 매년 20톤 트럭 5700대분 수거 | 경향신문(2021. 3. 11.), https://www.khan.co.kr/environment/environment-general/article/202103102122005

- 21쪽 앨런 튜링 | https://ko.wikipedia.org/wiki/%EC%95%A8%EB%9F%B0_%ED%8A%9C%EB%A7%81

  암호 해독기 | wikipedia

- 23쪽 퍼셉트론 | https://velog.io/@qsdcfd/%EC%8B%AC%EC%B8%B5%EC%8B%A0%EA%B2%BD%EB%A7%9D2

- 24쪽 단층 퍼셉트론과 다층 퍼셉트론 | https://liveyourit.tistory.com/63

- 26쪽 유진 구스트만 | 튜링 테스트 통과한 '유진 구스트만'과 대화해보니, 동아사이언스(2014. 6. 13.), https://www.dongascience.com/news.php?idx=4639

- 27쪽 중국어 방 | Wikicomms, https://upload.wikimedia.org/wikipedia/commons/b/b6/2-chinese-room.jpg

• 29쪽   엘리자와의 대화 모습 | https://ko.wikipedia.org/wiki/ELIZA

영화 그녀 장면 | 스파이크 존즈 감독, 영화 「그녀(Her)」, 2013.

• 30쪽   어벤져스: 에이지 오브 울트론 장면 | 조스 웨던 감독, 영화 「어벤져스: 에이지 오브 울트론」, 2015.

아이, 로봇 장면 | 알렉스 프로야스 감독, 영화 「아이, 로봇」, 2004.

터미네이터2 포스터 | 제임스 카메론 감독, 영화 「터미네이터2」, 1991.

• 32쪽   IBM 딥블루 | 로봇신문(2016. 6. 14.) http://www.irobotnews.com/news/articleView.html?idxno=7825

제퍼디 퀴즈쇼에 등장한 IBM 왓슨 | https://mashable.com/archive/ibms-watson-supercomputer-defeats-humanity-in-jeopardy

구글 딥마인드 알파고와 바둑 대결 중인 이세돌 | https://www.google.co.kr/

• 33쪽   인공지능 로봇 소피아 | https://m.blog.naver.com/PostView.naver?isHttpsRedirect=true&blogId=leekwanyong&logNo=221197553474

인공지능 챗봇 이루다 | 스캐터랩

• 37쪽   아마존, 여자만 탈락 AI 채용프로그램 폐기 | YTN 사이언스(2018. 10. 12.), https://science.ytn.co.kr/program/view.php?mcd=0082&key=201810121227155522

• 39~40쪽   대단원 이미지 | 게티이미지뱅크, https://www.gettyimagesbank.com

• 78쪽   아키네이터 화면 | https://kr.akinator.com/

• 111쪽   인공지능 사진 | 게티이미지뱅크, https://www.gettyimagesbank.com

• 119쪽   콘텐츠 기반 필터링, 협업 필터링 그림 참조 | 삼성 반도체 뉴스룸(2020. 4. 20.), http://m.site.naver.com/14CCQ

• 120~121쪽   대단원 이미지 | 게티이미지뱅크, https://www.gettyimagesbank.com

- 124쪽 백신 종류별 접종 현황 그래프 | https://coronaboard.kr/

- 136쪽 안전 운전 이미지, 건강한 노인 이미지 | 게티이미지뱅크, https://www.gettyimagesbank.com

- 137쪽 콜레라 발병 지도 | https://cdns.tblsft.com/sites/default/files/pages/2_snow-cholera-map.jpg

- 140쪽 공공 데이터 포털 화면 | https://www.data.go.kr/

  서울 열린 데이터 광장 화면 | http://data.seoul.go.kr/

  AIHub 화면 | https://www.aihub.or.kr/ai_data

  Kaggle 화면 | https://www.kaggle.com/datasets

- 155쪽 꽃검색 화면 | 다음앱 6.0 '꽃검색' 기능 안내(2023. 1. 6.), http://magazine.channel.daum.net/daumapp_notice/search_flower

- 171쪽 이미지 인식 기술 | 게티이미지뱅크, https://www.gettyimagesbank.com

- 185쪽 영화 상품 판매원의 장면 | https://www.dongascience.com/news.php?idx=40972

- 203쪽 사용자 감정 기반 음악 추천 서비스 화면 | http://www.aitimes.com/news/articleView.html?idxno=141511(원출처: 'SOULFUL' 팀의 신명진 팀장 제공)

개념과 원리가 보이는

우리학교 인공지능 수업 ①

발 행 일	초판 1쇄 발행 2023년 3월 15일
지 은 이	정웅열 · 김영희 · 임건웅 · 전준호 · 정상수 · 정종광 · 황성훈
발 행 인	신재석
발 행 처	(주)삼양미디어
주 소	서울시 마포구 양화로 6길 9-28
전 화	02) 335-3030
팩 스	02) 335-2070
등록번호	제10-2285호
	Copyright ⓒ 2023, samyangmedia
홈페이지	www.samyang**𝓜**.com
I S B N	978-89-5897-411-6(43000)
정 가	15,000원